近代中日關係研究 第二輯 5

岡田啟介回憶錄

岡田啟介 著
陳鵬仁 譯

LITERARY TIMES
蘭臺出版社

目次

一、明治的少年

大受歡迎的誕生

在決定明治組新勢的伏見、鳥羽戰役，我父親曾為農兵指揮役，站在勤王這一邊。所謂農兵是集志願者，令年輕武士來指揮。在戰爭期間，家父做探索往京都，到處監察，從事報工作時，我出生於家鄉的福井，即是明治元年（一八六八年）一月二十日。

據說，家父在京都的工作告一段落要回家鄉福井，迎接他的人在路上碰到家父時告訴：「生了男孩」，家父拍手大聲喊說：「太好了！」因此親戚一直喊我「太好了」、「太好了。」因為一直生女孩，非常想要一個男孩，據說連祖父都到神社去求。

我家代代是越前（今日福井縣中、北部）澤者藩之武士，本來不算什麼的，到祖父喜八郎時，出任邵奉行（首長）。待遇是一百石，還有一百五十石津貼。祖父的子弟全是女性，沒有男性。安政元年（一八五四年）領取同藩士青山彌五右衛門之次子幸八郎為養子，改名喜藤同藩太，令其與次女波留結婚。他們就是我的父母。

我出生時，家境不錯，家父還是率領農兵出差，常不在家。因此我很任性、淘氣，三歲時脾氣暴躁，祖父很擔心這樣的脾氣將來不能做武士，所以到藥鋪去買白狗肝干給我吃。

明治五年（一八七二年，以下統用西曆）八月，政府公布學制。這時福井有一個叫做平瀨儀作的人，他很早就去長崎等地，對於維新之動態相熟悉。他以為應該早日創設新制度的學校，乃於一八七四年春天，以位於櫻馬場進口處騎馬者之假容室平房做為學校，在那裡擺設二十張左右桌子。我們就在這裡學習寫字。

那時，家境好的人都是遊學，到東京去讀書。其他的人，都為了要令其一技之長，到大阪、神戶、東京、橫濱、函館等地去做徒弟，所以學校絕少有十歲以上的人。我們七、八歲及稍微年長者編為一班。因我從祖父念過《三字經》、《大學》，所以漢字還可以念。我們上一班較大的小孩不會念字而使老師很驚訝。記得地震學權威的大森房吉在我下面一班，為另一個頑童。

家裡除我外有男僕松藏和一個下女。有一次父母不在，在家裡很無聊，此時杜鵑花正盛開，也是竹筍季節，松藏說要取竹筍，因而一道去。在勝見手抓竹子爬河堤時我的手被咬，左手指甲遂腫起來；有人說是青蛙咬的，也有人說是蛇咬的，所以趕緊用毛巾把它綁起來。回家之後，魚商來看，說這樣不行，並建議請附近的老先生看看。老先生帶上眼鏡，拿出很奇怪的羽翅膀，用其尖頭挖被咬的地方說：「還有兩支齒在裡頭，我統統把它拿出來了，沒有問題的話咬咬柿子乾後把它貼在傷口。」附近的小頑童殺氣騰騰，說要把蛇抓來，用煙硝灌進蛇嘴，予以炸毀，我也參加這個陣營大喊大叫，但我的手卻愈來愈腫和痛得要命。回家在房間中央休息，但連下女在外邊看都覺得很痛，全家因此緊張起來，去叫父母回來，只貼咬碎柿子乾怎麼會好，於是請來醫生擦藥，也吃了藥。

結果脖子以上沒有問題，但脖子以下全部腫起來，躺著也不行，堆著棉被靠在那裡，拿著名叫蛇頂石靠近腫的地方，它馬上貼住，吸住時非常之痛。休養三個星期左右，逐漸好起來，被咬的指甲和身體都好了，只有睪丸的腫不退。醫生以為好了而來看看，說是要替我的睪丸插針，我很害怕被插針，結果沒有插，休養大約一個月便好了。據說蛇要咬時會膨脹其身子，是有紅黑色的蛇，開始我以為是被青蛙咬的。

起初希望陸軍

在高等小學時代我有三、四個壞朋友。我們常常講帶著便當裝要去上學然後離開家，卻集合在朋友家裡。起初熱衷於製造煙火，然後在河邊放煙火玩，同時在足羽川，從朋友家裡拿來鍋子飯，在河原吃。因此學校的成績非常不好，特別是數學，幾乎不及格。上中學之後，這些壞朋友都沒有升學，於是我反省算術和英語遠不如人，因此停止玩耍，入日置老師之門。到老師家用功時，下課之後老師離去房間，我還是留在那裡做功課，老師來看到問：「你還在？」我說：「老師沒有說可以走，我不敢走。」於是老師說：「你可以回去了」，我才回家。入日置老師之門後，我對於英文、漢文、算術，我都相當用功。

中學畢業之後，我想做縣出身之教育機關的輔仁舍貸款學生，因而提出申請，叔叔青山貞是輔仁舍的幹部，他得知此事，遂告訴我說他要負擔我的學費，要我和他到東京去，於是我找了想去東京的伙伴，我小孩時候的男僕，也是爾後住在我家的改建馬屋裡，幫忙我家的人宰領，於一八八六年一月，在下雪中離開了福井。那個時候要到東京非常費事，要到敦賀才有火車可以坐，於是先走路走三天到敦賀，從這裡搭火車到大垣，從大垣坐小輪船前往橫濱，船身外面有很大的用蹼划的船（外輪船），最後再從橫濱坐火車到了東京。

當時，叔叔司法省三等出仕兼法務局長，其地位相當高，所以他住在很大的房子，還有馬車。我到達時，叔叔家有客人。他把我叫到客人面前問：「你將來要做什麼？」我回答說：「我想做太政大臣（即首相）。」於是大家笑起來，還被嘲笑西方諺語說想做paliticiam結果做了polip。

我住在神戶三崎町的輔仁舍，並自然而然地進了大家在上的駿河台公立學校。記得當時之英文老師是高橋是清氏。

叔叔雖然說要給我學費，但我覺得這樣還是不好，於是我想自己想辦法，開始找公立學校。三崎町輔仁舍對面可以看到偕行社，這裡每天晚上電燈點得亮亮地，在舉行宴會，我感覺陸軍是好地方，因此決心進陸軍。因而離開公立學校，進入本鄉的陸軍有斐學校——是有如陸軍的預備學校。因需要學漢學，故我到在小石川松平邸內上深之幾先生那裡聽課，另外在有斐學校我學德文。七月初，陸軍士官學校招生，我準備好報考書，去請表兄青山元做保證人，在他那裡遇到青山之親戚，海軍大尉三上三郎，他看了我的報考書說：「你怎麼要報考陸軍？你的叔叔青山二郎，因搭黑龍丸罹霍亂而去世，如果還在，應該是海軍的相當人物，你要向你叔叔看齊。」我說：「那怎麼辦？」他很親切地告訴我怎樣辦手續，於是我改報考了海軍兵學校，但我還是猶豫不決，因為當初要考陸軍，我才學德文和漢文，現在要考海軍，得重新來。因小川町之私塾在教英文，故改到那裡去上英文課。

一個夏天月亮很漂亮的晚上，在輔仁舍的宿舍，和朋友笠原在用功時，看到院子的李子樹長許多李子，很是媚人，於是我們帶著籠子進去，我爬上樹摘，他在樹下接，正在辦事時谷口老師出來院子。月圓很亮，我便貼身在樹的一邊，擋住身體，笠原在樹下不知道該如何是好。等老師進去了，我從樹上下來，兩人一同吃了李子。隔天我們被叫去谷口家，說「我們摘了李子」，而在盤子上擺了許多李子，要我們吃，谷口老師似乎知道我們幹了什麼。

如此這般，我於一八八五年十二月一日進了海軍兵學校。

好熱鬧的海軍兵學校時代

當時，海軍兵學校（相當於我國的海軍官校——譯者）在東京的築地，校長是海軍中將伊東祐亨，後來在黃海海戰一戰成名。一到學校報到，先在學生館門口領取皆繡有學生名字的夏冬制服、帽子、鞋子等等。穿好制服領了文具用品後，到值班軍官室蓋了手印，排隊學了敬禮方法，聽完訓話之後，准許外出。因我祖父在芝木挽町所租的小房子，我便去看他，快要到回校時間，想趕回學校時，不知何故，覺得腳很痛。在今日有栖川宮銅像前面有一座橋，要沿著其牆走回學校，快到校門時走不動了。我想鞋子有問題，只能拖著腳，坐在橋邊，看著其他同學到底怎樣穿鞋子。我看到跟我一起進學校的大島竹松走過來。他問我：「你在幹什麼？」我說：「我腳好痛。」「我來看看」，他看了看驚訝地說：「你把左右鞋穿反了！」當然我穿過鞋子，但沒有把左右鞋穿反過。鞋子試過尺寸，制服量身試穿過，可能在木挽町脫鞋子時，他們把左右擺錯了（日本人家上去時要脫鞋子，其家人會把你鞋子擺正，除非你自己上去之前自己擺好——譯者），因在趕時間，可能就這樣穿上去了。大島之後在學校常開我玩笑說我穿反了鞋子，無奈，我也只有一起笑。

那時兵學校學生之請假外出是星期四下午和星期天，外出時會給一毛錢的零用錢，一毛錢已經可以在風月堂吃點心喝茶了，在兵學校附近之銀座，就有許多以兵學校學生為對象的這種茶店。

後來修改條令，禁止學生外出。它規定說：「學生不得外出，但行為端正、學術勉勵者校長可以准許」，且把這個規定貼在吸菸室。新的禁令讓人議論紛紛，學生們以為從前星期四和星期天外出是當然的權利，現在伊地知校長把它取消了。

星期四要打校內的狐狸。築地之魚河岸至前水交社一帶九萬坪多是兵學校，大部分是松平越中（今日之富山縣）之別還尾張（今日愛知縣西半部——譯者）之儲藏屋、上級武士之住宅等等，漲潮時是松平安藝（今日廣島縣西半部——譯者）守之儲藏屋所在地。如其名曰築地，池塘和庭園連在一起，越中庭園甚至造有東海道五十三次（關卡）的模型，極有氣派，惟沒有整理，竹子雜草叢生，且有宛如密林。全校學生須拿著木棒，奉命把它當做槍，扛在肩膀上，整隊包圍築山，派人進去探狐狸，似有狐狸，但沒有出現，只出來一隻黑貓。

記得此時，外國老師炮術士官叫做杭孟特者，大概覺得學生外出日子泡湯，值得同情，遂倒了可可給大家喝。那時沒有喝過可可，說是今天教官要請大家喝可可，以為非常好喝，大家很期待，但喝了結果，覺得味道很臭，並不好。可可雖然很昂貴的東西，但學生並不喜歡。

我在神田錦町一帶有許多家鄉朋友，當時有一棟一棟的大雜院，每一家有小門，外觀都是一樣。有一次去找朋友，竟上了隔壁人的家。因為裡頭的造作也大同小異，遂大搖大擺進去房間，被一位年紀不小的婦女大罵一頓，「你是誰？」對方大概以為年輕男孩子來調戲她，或者覺得我是一個惡棍，因此責備我，我說弄錯了也絕不領情。因為隔間很像，搞錯了，道歉完後趕快逃，我這個海軍兵學校學生，實在太不值錢了。

喝酒誤事

一八八八年一月，在小石川水道町之舊蕃主松平邸，舉行了由伯爵成侯爵的慶祝會，不知何故，我也獲邀。當時來了許多客人，大客廳擺出了飯盒和酒，大家大吃大喝，快結束時春嶽出現了。他把我們兵校學生揮手找來，我們四個人到他面前，他便對我說：「你是你父親的兒子，應該會喝酒，喝酒沒關係，但一定要好好用功，將來日本必須靠海軍，你要好好地幹。」而把擺在我面前的空杯子倒滿酒，我一下子把它乾掉，他又把它倒滿，我覺得這是侯爵倒的不喝不好，於是把它乾掉，他又把它倒滿後站起來進去了。我覺得把春嶽公倒的酒留下來不禮貌，遂又把它乾掉。因回校時間快到，遂離開侯爵邸，從那裡到築地走路回去相當遠，回到兵學校大門口附近時，大概放了心，故記憶力逐漸消失，終於醉倒地上。因為正是學生回校時刻，遂被抬進去放在被子上，被搖晃、冷卻頭部，似曾予以各種嘗試，但我完全不清楚，也沒有回應。隨後開晚飯時間，開飯時學生要站在飯桌旁邊，值星官出來喊號令，大家坐下，與值星官一起用餐，吃好之後又由值星官喊口號。開飯時，好像大家把我抬到餐廳，除大打鼾聲之外，有時候還大聲亂叫……，終於被發現了。隔日，在門口所有學生排隊，我被叫到大家面前。

我穿著下士候補制服，袖子有一條金免絲縧，我被免職下士候補，以為懲罰。值星軍官宣布我「處以禁足二星期」，站在旁邊的守衛過來把我的金色絲縧撕掉。難看極了，宣布之後，值星官對全校說：「最近同學喝醉回來者很多，尤其昨天喝回來的岡田啟介，他的臉紅得像猴子屁股。」真是丟盡了臉。

二、成長時期的海軍

船員罷工

海軍兵學校畢業之後，我被分配到金剛軍艦，財部彪跟我在一起。當時之艦長是日後出任聯合艦隊司令長官的鮫島員規大佐，這個人有一段極著名的軼事，戊辰之役時，不大記得了，他帶著俘虜走，他走前面，卻被其後面的俘虜砍。鮫島氏嚇了一跳，但很平心靜氣地對俘虜說：「你砍了我。」鮫島氏女婿是戶下勇大將。

此時橫須賀已經設立了海軍鎮守府，但還沒有火車，非常不方便，軍艦都停泊在品川。

停靠品川的第二天早上有軍事檢查，有所謂moraing call，那時所有成員都要就檢查的位子，可是只來了七、八個士官，幾乎都沒有到。查其結果，原因是半夜才進港，沒有準行登陸，大家非常不滿。士兵便在艦內一隅，關閉出入的甲板升降口，開始罷工，一再叫他們都不肯出來。在軍艦軍隊罷工是天大的事件，不過士兵也是很笨，他們掌控的下甲板沒有廁所，也沒有水可以喝，不久一定會有人想上廁所，我們便看守其出入口，果不其然，旋即有一個人忍不住要小便，開了升降口出來，這瞬間，令全體兵員各就各位，從軍官室軍官，到分隊士以下都安排了訊問。大體知道了其原由後，副艦集令全體乘員於後甲板上予以訓話，「這樣搞非常不好。」本來主謀者應該送往軍法會議，惟因這一次是小事，不準備這樣做，要求各分隊一一查明，依情形，禁止其登陸，在艦內處還。

當時之金剛、比叡是英國製的最新式軍艦，兩千兩百噸，龍骨是鐵，舷鋪有一英寸鐵板，其他部分是木頭，主炮十七公分炮兩門，時速十三海里。緊急時燒煤，平常用般帆。它們是炮艦，不是戰用艦。

在此以前的日本，只有一艘扶桑。它三千七百噸，主炮二十四公分四門，是唯一的甲鐵艦。扶桑之後又向英國購買金剛和比叡，日本海軍才有像樣的軍艦。

甲午中日戰爭之前，清國北洋艦隊對日本示威，開來了三千三百十五噸的定遠、鎮遠二艦，日本國民看到其偉容，真是害怕到極點。

看裸體舞發呆

金剛、比叡二艦，於一八八九年八月出港橫須賀，開始其航海練習。開了三十四、五日，進港夏威夷的奧亞甫島（Oahu Istamd），許多日僑出來迎接，他們帶來了香蕉。這是我第一見到的水果，我從來沒有聽人家說過它。大家吃的結果覺得香味很奇怪，只吃一半就把它丟掉。日僑說那香味才好（難怪中國人把它叫做香蕉——譯者），只兩三天，相信會喜歡；著實，經過兩三天以後，大家都說好吃好吃，登陸之後軍官都拼命吃香蕉。士兵因為有許多衣服要洗，多在領事館後面排隊洗衣衫，夏威夷報紙報導便說：「香蕉軍官、洗衣士兵。」

夏威夷當時是一個獨立國家，為耶梅哈美哈王朝。當時的卡拉耶哈王於一九一一年三月訪問過日本，由山階宮殿下歡迎和接待，那時和日本正式簽訂了移民條約，因卡拉耶哈王沒有兒子，因此據說是為尋找日本貴族女婿而來的。夏威夷的日僑可能有幾萬人，在火諾魯魯一帶，他們居住於中國人街旁邊，有相當多之廣島屋、山屋等名稱的日本旅館，日本女孩留著日式髮型，穿著寬鬆衣衫，穿木屐走在街上，他（她）們把領事館叫做「縣廳」（即縣政府——譯者）。

我們越過赤道，來到薩摩亞群島之茲茲以拉島班哥班哥港，那裡的土人裸體只有腰上搭著一塊布而已。進港第二天登陸，溜達溜達走到其部落，看到他們在地面上立著四根木頭，用草葺做屋頂宛如集會所的建築物。三十多的女性出來，招手要我們過去，於是金剛、比叡之登陸人員都聚首於此地，圍著這個屋子。只圍一件內裙的四個年輕女郎，在柱子旁邊開始跳舞。開始時伸伸手，搖搖屁股，與所謂卡那卡舞很像的舞，旋即拉著下襬舞，最後完全拉上去，抬著腳跳舞。大家都看得目瞪口呆，因一點都不感動，故姑娘們拼命脫光衣服繞著。我因坐在最中央和最前面，而且被往前面推，一到我面前她們便拉上裙子，真不知道該怎麼辦才好；因為不敢正面看，我歪著頭，姑娘便把我的頭扶正又過來，大家哄堂大笑，遂離開。快進入東京灣時，隔年二月，我們回到了品川。

金剛和比叡排隊燒煤開始前進時，在富岡附近看到很奇怪的軍艦，仔細一看，是土耳其的軍艦。那是讓明治時代日本人留下難忘印象的艾多羅布艦（埃爾圖魯爾號戰艦），它載著特派全權使節奧斯曼・巴夏訪問日本，因船內發生傳染病，乃在富岡消毒所接受消毒。完成使節任務之後，一八九〇年九月要回國時遇到颱風，九月十六日，在紀伊大島樫野崎燈塔海面觸礁沉沒，使以奧斯曼・巴夏為首，艦長以下五百八十一人與軍艦沉下大海，生還者官兵六十九人。該艦遭難時，當地人冒著暴風兩中生命之危險，從事救助工作，對於爬上樫野崎燈塔的人，大島人曾給予很好的照顧，此後土耳其人對於日本國民這樣的義俠行為極為感激，長久以來不敢忘懷對於日本人之尊敬和感謝。

這是日本人第一次不用戰爭，以犧牲精神贏得世界讚賞的事件。

靠近橫濱時，我們看到日本軍艦掛著很特別的旗子。我們掛的是太陽旗，這裡卻掛著很像美國的國旗，查證結果得知我們在航海練習中政府發布了海洋軍旗章條例，制訂了軍艦旗。

我學了音樂

我於一八九四年，由嚴島退艦之後出任橫須賀海團理分隊長。年輕的軍官都希望服務於有朝氣的艦隊，不希望到海兵團等工作，而且我的分發室是軍樂隊的分隊長，我實在不適於搞音樂，我的五音不全，真的很掃興。軍樂隊的訓練大多是吹吹喇叭，我這個分隊長毫無關係，要由我直接教育的是敬禮和海軍應有之禮貌等而已，所以我每天都在自己房間床上睡覺。

有一天，樂長來找我。他忠告我說：「隊員在訓練時你都不來，大家沒有受到鼓勵，請分隊長每天來。」這個樂長很不錯，樂長是分隊士，對於長官要說出這種話是非常難的，他知道如果搞不好，會被我罵說「別說大話」，甚至會被我揍一頓。我說：「叫我去我就去，不過我不會技術上的指導，說實在話我對於音樂一點興趣也沒有，所以也就沒去。」他說：「技術上的事情我來弄，您覺得不好玩是因為您不懂音樂所致，我來讓您能懂。」因此以後他每天到我這裡來，從說明短笛、大鼓等開始，今天要演奏這個曲子，這是誰的作品，這個音有這樣的意思，說明得有條有理。也把我帶去看訓練、聽演奏，這樣聽來聽去，我慢慢覺得也並非不好玩。這個樂長，留學德國，很有修業的人，我真想不出他的名字，非常熱心，很難得。後來我做首相，在飯局我邊聽演奏邊讀音樂，大家都覺得非常驚訝我懂音樂，這是其來龍去脈。

重新打炮禮炮

我做軍樂隊分隊長大約三個月之後，轉任當時之巡洋艦浪速（三千七百九噸）代理分隊長。這是一八九四年七月甲午中日戰爭開戰之前一個月的事。

分隊長是要由少佐或大尉來出任的，當時並沒有中尉這個階級，是由少尉升大尉，但少尉要幹四年左右，代理分隊長是因為還是少尉的緣故。

在浪速，我是前面十五公分副炮之指揮官。那時候的艦長是東鄉（平八郎）氏，東鄉氏年輕時留學英國，是時髦而溫和的人，沒有發過牢騷，士兵都很尊敬他，他很用功精研國際法。在我服勤於浪速之前，在夏威夷，日僑遭受美國官警追捕，游泳到浪速的，他都予以庇護，拒絕交給美國官警；甲午中日戰爭一開戰，他擊沉了掛著英國國旗之運輸清兵船高陞號，其敢做敢為，是因為他研究國際法，有自信所致。

朝鮮之動亂日益擴大，大島公使面臨危險時，日本陸戰隊登陸去保護他，清國也大量增兵。清國通告朝鮮政府，如果日軍不撤兵，將與日軍交戰，於是日本也下定決心，遂派遣混成旅團，浪速護衛陸軍至仁川。當時浪速是常備艦隊之第一游擊隊，長官是伊東祐亨中將。

常備艦隊集合於佐世保，在盛大歡送聲中出港，隔日在朝鮮邊遇到清國軍艦濟遠和廣乙。大體上，軍艦是很講禮貌，擦身過時一定要互相敬禮，對於掛著將旗之艦，大將是幾發，中將幾發，隨階級官慣上要放禮炮。這種軍艦之間要互相行禮是很嚴格的，甚至發生過「你們少校一發」，「不，照規定放了」這種爭執。

這是閒話，在服和初期（一九二〇年代），記得是英國東洋艦隊之旗艦訪問日本時，日本巡洋艦出面迎接放了禮炮。放十七發要花相當長的時間。在這期間擦身過後離去遠方時，放的次數足夠不足夠，彼此不清楚，所以常常並行開著，甚至把機關關起來放，並排前進時迎入霧禮。後來對方的大使抗議說少放一發，日方之法說確實如數放了，各說各話，沒完沒了，最後決定要放。但下決定時，英艦已經到了香港那裡，隔年再來日本時，先打去年的十七發，另外打今年的十七發，一共打了三十四發。

現在話歸正傳。日本的吉野艦掛著長官之中將旗。因雙方國家都還在平常狀態，當然對方應該放禮炮，但不僅沒有任何動靜，而且似乎正在做戰用的準備。靠近之後突然打來兵正的炮彈，這邊也有所警戒，因此遂予應戰。日方是吉野、浪速、秋津洲三艦，對方是廣乙、濟遠和後來參戰的操江三艦，這就是豐島海面之戰役，廣乙遁逃時中途觸礁爆炸，操江被捕獲；日方吉野受了微傷，浪速之後甲板中彈，但幾乎沒有損害。

東鄉艦長之果斷

在戰役中，和操江一起，來了掛著英國國旗的輪船。仔細一看，上面坐得好像是清國士兵，東鄉船長遂命令其停止，派遣臨檢軍官去檢查船內，捕獲許多清兵和武器彈藥，命令其跟著浪速後面來。可是船上之清國軍官威脅船長，不聽命令，於是東鄉艦長擬將船長及第三國人收容於浪速，擊沉輪船，但清國軍官不許船長等轉乘浪速，並強制船長開回大沽，最後浪速以水雷和大炮，予以擊沉，收容了船長和船員於艦內。

此事傳到日本國內時，大家都非常吃驚。因為擊沉了英國船，吃驚是有道理的。據說首相伊藤博文等拍桌子責問海軍大臣西鄉從道。據稱西鄉回答：「東鄉是不會亂搞的。」一但日本全國上下認為東鄉闖了天下大禍。

可是當時世界一流的國際法權威英國的某一個學者表示：「東鄉艦長所採取的措施是對的。」因此再也沒有人責難這一件事。在戰敗後的今日，日本該主張的不主張，唯唯諾諾，所以我認為應該好好研究國際法，思考戰敗國有些什麼權利。

爾後，於九月十七日，遇到護衛敵方運輸船的北洋水師，展開黃海海戰。此次戰役，浪速因為掉在旁邊海面炮彈跳回來，水線處被撞成一個洞，但沒有大害。此役也獲得大勝，由此清國海軍已不成軍，日本海軍失去對手，只是從事護衛陸軍的工作，幾乎沒有什麼仗可以打。

見習黃海之戰

在海軍大學校，我當過甲、乙、丙三種全部的學生。我這一班，只有財部一個人一直進級，我們都在原地踏步，所以年輕者欲志願做學生時，上面的人都會說：「不要考做學生，你看岡田，他幹了各種學生，都抬不起頭來。」

開始日俄戰爭的前一年（一九〇三年——譯者），我是少佐，為常備艦隊之千歲的代理副（艦）長，惟因患肋膜炎，變成待命，離開千歲到武雄、嬉野溫泉療養。其五、六年前，我患過肋膜炎，醫生說是肋膜，我以為是肺病，非常悲觀，我想醫生故意不說，而日俄風雲日急，我心中急得要死。有一次，內科極有風評的軍醫官給我診察，我問他：「是不是肺病？」他說：「不是肺病，稍微安靜安靜，不久就會好。」我便非常高興，馬上就好了。

一九〇四年二月六日，日俄兩國斷絕邦交，二十八日，我被告知全癒。因病後，我暫時擔任捕獲審檢所之評定官，這是戰時把敵國輪船或裝載時禁製品之第三國輪船等拿捕之後帶來，依國際法規定，調查和決定是否應該予以捕獲或放行的工作。

該年夏天，我出任八重山艦代理副（艦）長，八重山艦是一千六百噸的小軍艦，甲午中日戰爭時是通報艦，扮演傳遞情報的角色，從現在看來實在令人不敢相信，但當時沒有無線電，艦隊長官要對在遠處艦船下達命令時，要以旗信號把八重山叫過來，以手旗下達「前往某某地方，轉達其立刻出動和警戒某地」這樣的命令。於是八重山便到某艦地方去尋找、轉達命令。因為速度不快，要去傳達在遠處之軍艦命令，甚至需要一天工夫，真是悠哉悠哉，不過敵方也是在這樣做，當時的戰爭是這樣打的。

旋即我被編入艦隊，參加了旅順港外之戰鬥和黃海戰爭，但八重山小，炮彈又打得不多，可以說只參觀了戰爭而已。

匆匆忙忙的購買軍艦

一九〇五年一月，我調任千歲艦之副（艦）長，後來又轉任春日艦副（艦）長。

春日艦原來不是日本軍艦，為因應日俄戰爭，日本海軍購買了在義大利建造中之阿根廷一等巡洋艦（七千七百噸級）的李華達維亞和莫列諾二艘，一九〇年五一月一日，將前者取名春，後者命名為日進，日進艦由竹內平太郎大佐（後來為少將），春艦由鈴木貫太郎中佐（後來為大將）擔任回航委員長，日俄戰爭開戰之後抵達橫須賀。初瀨、富士二戰艦爆沉之後，這二艦代用為主力艦。

因回航時非常急，沒有士官兵員，故在熱諾亞請了義大利人和英國人船員，把船開回來，雖然掛了軍艦旗，卻不能打仗。因怕在中途遇到俄國軍艦被其攻擊，據說日本府曾請英國軍艦予以護衛，英國以這樣做，將影響英俄之國交，乃予以拒絕。

但以後，有人告訴某月某日，有離開莫爾達，要去新加坡或香港的軍艦，如果說公開護衛，和俄國的關係不太方便，如果一起走，實質上可以達到護衛的目的。實際上沒有得到英艦之照顧，但一路上在所有港口，英艦都對日艦很好，雖然與俄艦停靠過同一港口，但俄艦都不敢出手。

那時，我們的艦隊因在波羅的艦隊來之前並沒有什麼事，故在鎮海灣附近，每天做射擊和發射水雷的訓練。五月二十七日，信濃丸來電報說發現敵人，全艦隊出擊，是為日本海海戰，副長在戰鬥時要隨時處理被害地方，所以無法詳細觀察戰爭狀況。春日艦中了兩三顆炮彈。

戰爭之後，我的專門是水雷，因此幹了水雷學校教官、校長和春日、鹿島艦長。

我參加了第一次世界大戰

日本海軍，在開始於一九一四年八月的第一次世界大戰，參加聯合國陣營，一部分到澳洲、美國、非洲和地中海，前後兩年，我參與了海上的防衛。

日本海軍遠自歐洲至非洲，長期活動，使全世界認識日本人之嚴正和勇敢行動，並予以信賴。

此時我是第一水雷戰隊長令官，聽命攻擊膠州灣。進攻膠州灣戰爭是首次出動飛機的戰爭，當時日本海軍只有七架外國製飛機和五架日本製飛機而已，記得敵方有一架飛機參與一次襲擊，日方從改造運輸船而成的水上機母艦若宮每日飛出去一架，那時因為還沒有炸彈，所以把炮彈加以鐵翼，由機上用手抓它投下去。

在海上有損失。德國的水雷艇暗中靠近對高千穗艦發射了水雷，它打中火藥庫，高千穗沉沒了。

高松宮與青蛙

我就任聯合艦隊司多長官是一九二四年十二月一日，東鄉元帥另當別論外，那時的聯合艦隊司令長官，一般人並不把他看做英雄，他受到社會注目是從加藤寬治、末次信正做長官時候開始。在平穩的時候，不會有什麼特別回憶的，沒有回憶是日本和平，是一件好事。

高松宮殿下在下軍官室，為少尉。他非常討厭青蛙，院子如果一隻青蛙，不需要看，他都會感覺到，走夜路時，附近如果有青蛙，他都能感覺出來；可是有一個壞傢伙，抓來一隻好大蟾蜍裝在匣子裡獻給高松宮，是否知道他不喜歡不得而知，曾經發生過這樣事情兩次。巡航台灣時，府請吃飯，料理竟是青蛙料理。

食用青蛙是台灣的名菜，所以特別想請殿下吃，對方當然可能知道殿下討厭青蛙，這很糟糕，想告訴不能做青蛙料理，但已經來不及了，也沒有時間做其他料理，沒有辦法，只有把它端出來。我不記得殿下有沒有吃，我猜他應該沒有吃才對，沒有看到都能感覺到有青蛙的殿下不可能不知道桌子上的青蛙，即使料理之後沒有青蛙的樣子……。

皇太后非常掛念高松宮殿下。進入清水港時，我聽說過皇太后很想來看他，但不好意思說出來，所以我請皇太后陛下臨駕。皇太后高高興興地駕臨軍艦，對我問了殿下的種種，我說殿下幹得很好，請她放心，皇太后好像不太好意思見殿下，我建議她，她才和殿下見了面。

三、陸軍野心日熾

重建川崎造船廠

一九二七年的經濟非常不景氣。川崎造船所之社長松方幸次郎，與我個人關係不錯，但卻是與眾不同的人物。

第一次世界大戰時，人人開口閉口便說船、船、船、船為船的景氣，大戰之後造船界陷於嚴重的不景氣，川崎造船所也不例外，大受其影響，勞資紛爭日益惡化，幾乎動彈不得。在大體上，大的造船所好景氣時以外，多會出赤字，但造船所如果倒閉，海軍便無法建造軍艦，因此為使船台不要空在那裡，能夠經營下去，適時予以訂購軍艦之建造，給預付金，幫幫它，使它不要倒閉。

第一次世界大戰時，海軍要建造兩艘一等巡洋艦，遂對三菱造船所和川崎造船所各訂購一艘，此時在英國的松方來電報要川崎造船所拒絕，那時是船景氣的時機，船價相當高，造商船比建軍艦利益高，造船公司可能認為台如為軍艦所占，將無法建造商船，因此海軍似非常傷腦筋。

結果兩艘都交給三菱建造，於是有人開始說松方的是非，說是平常無視與海軍的交往，造船所因此受不了，而終於答允願意建造。

松方這個人有時候會搞出人意表的玩笑，在神戶之川崎造船所內沒有海軍監督官的辦公室。從那裡要到船塢必須橫過好寬大的馬路，雨天時會極多泥濘，因此海軍監督官要求建造橫馬路的地下道。公司覺得很麻煩，但對方又是大客戶的海軍。於是按照其要求造了地下道，造了之後松方將其取名「海馬路」，並做了一個匾額掛在其進口。

海馬是從海上鑽進去，又出去海上；從地上鑽進去又出去地上，所以「海馬路」，這是一般的說法，但松方的意思好像不是這樣，他的意思似乎是「海軍的馬鹿野郎要走的路」，松方掛上這個匾額，內心很得意。

這種事，再笨，久而久之一定會知道的，不久海軍內部有人開始氣憤被看扁，如此這般，松方遂被海軍所討厭。我在那時，即從一九二七年四月，開始踏入政界，擔任田中義一內閣之海相，因為受到不景氣打擊，為幾乎要倒閉的川崎造船所之因應而費盡苦心。川崎之潛艇造船技術是了不得的。

日本海軍，與英國和美國因華盛頓裁軍條約成為五・五・三比率，於是想提高素質，乃由平賀（造船中將，後來之東大校長）精心設計兩艘一萬噸巡洋艦，五、六艘潛艇交由川崎造所建造。此時如果該公司倒閉，便無從建造軍艦，國防計劃也將發生問題，因此海軍很頭痛，於是和高橋是清財相商量，予以救濟，但三土忠造接替高橋氏出任財相之後，內閣內有反對意見，政府終於正聲明停止救濟。

至此海軍束手無策，遂由海軍接手建造中之軍艦，自己經營和作業，職工使用海軍之臨時雇用人員，繼續工作。川崎造船所會不會倒閉的問題，爭論一段時間，海軍也與債權者做種年折衝，終於隔年解決了這個問題。

由於這種原因，川崎造船所雖然免於倒閉，但對於松方不做一個處理，海軍是不會干休的，因此我也很頭痛，最後我以大臣身分請松方來，請他辭職。以後我是和他有個人的交往，總而言之他是一個非常有風格的人。

停止出兵山海關

在這前後，發生了當時之所謂某重大事件，即炸死張作霖之事件。這個事件，可以說從九一八之變到中日之變，而至太平洋戰爭，一直擴大之陸軍亂來行為的最早種子。

在這個事件之前，從一九二六年至一九二八年蔣介石北伐時，日本為保護僑民，曾經出兵山東三次，對於中國，更欲以高壓的實力去干涉，這雖然沒有實現，但由此我們可以窺悉當時之日本陸軍對中國具有怎樣的想法。

一九二八年春天，張作霖軍戰敗，準備越過山海關進入東北時，陸軍出兵意圖斷絕張軍之退路，目的是，這樣欲把空白的東北拿到自己手裡。

他們計劃在山海關登陸陸軍一個師團，根據陸軍方面的說法，要在明天的內閣會議突然提出，應該會獲得通過。有陸、海、外務三省之商議，海軍由軍令部之米內光政（當時為少將）出席，米內正告「海軍反對」，回來後向軍令部長鈴木貫太郎大將做了報告，要在北京、天津附近進兵不但違反自古以來與列國之約定，而且在國際上也不人道，馬上會成為大問題。海軍內部希望我在內閣會議把它否決。

在日的內閣會議，果然提出了出兵山海關案，幾乎要無異議通過時我發言。我故意不說這樣做會刺激列國，將會發生很大的問題，我只說，沒有太大的理由，不顧和忽視與列國所決定的約定，我們要有與英美戰爭之覺悟。如果這樣，一直拖延之海軍的子彈、火藥、水雷等補充必立刻附諸實施，希望支出其經費五千萬圓。田中首相說現在沒有這麼多的錢，而且田中首相兼外相，但卻似乎完全不知道與列國之間出兵京津地方時的舊約定，實在太馬馬虎虎了。所以他說：「有這樣的約定嗎？那這案就取消。」遂將其停止。

炸死張作霖事件

此時，此事就告一個段落。但一九二八年六月四日，張作霖敗於蔣介石，準備回來東北時，發生炸彂事件。張作霖坐特別火車要回來瀋陽的途中，到達瀋陽城外滿鐵交叉點時，被安裝在路軌上的炸藥炸死，吳俊陞當場死亡。

因為嚴守秘喪，所以社會不知道張作霖之死，有人說這是張作霖手下的楊宇霆、常蔭槐之陰謀，因為其他人不可能知道張作霖之行動，但絕大多數的人都相信這是日本搞的。

中日兩國官警遂開始共同調查，但不久中國官警拒絕調查，因此有一部分人遂認為是楊宇霆等人之所為，陸相白川義則等就是這樣想。

事件之幕後人是今日大家都知道的關東軍參謀河本大作大佐。他怒張作霖忘記日本多年之恩義，出於反抗態度，欲除掉張作霖以一新東北之政治，因得悉張作霖要由北京回到瀋陽的消息，乃決定乘此機會幹掉張作霖，藉陷於混亂予以占擁立其意中人，以左右東北之政治，這與後來之柳條湖事件，如出一轍。

政府得悉此事為河本大佐所幹，乃來自政友會領袖鐵道大臣小川平吉之消息。小川手下有在關中國大陸之所謂策士，其中一個人，被派在宣統帝身邊的某有力人士趕回東京，向其詳細報告事件內容，同時請小川幫助此事件做河本大作之手腳的中國人之處還，這是後來才知道的事情，這一件事不是河本大作大佐一個人所幹，提出此項計劃的是關東軍司令官村岡長太郎中將，起初河本反對，後來他單獨負全部責任去實行。

日本政府之大陸政策泡影

炸死張作霖給日本政府帶來極大之衝擊，政府因此對於中國戰亂之政策由之成為泡影。

張作霖軍戰敗，蔣介石軍北上即將越過黃河時，日本政府發出非常關心戰禍將波及京津一帶之警告，當時田中首相兼外相沒有和閣員做任何商議，突然在內閣會議席上，提出要勸告張作霖之下野案，遭受小川鐵道大臣以各閣員之反對而撤回。

總之，由於日本政府之警告，京津地方終於免於戰禍，張作霖乃決定離開北京，準備回去瀋陽，於是日軍採取不許中國革命軍追擊，張作霖回到瀋陽之後，將以他為對手解決在東北之懸案的方針，可是張作霖卻被日本軍人炸死，日本政府方圖為之挫折，因為這個事件，田中內閣終於不得不辭職，殊屬可惜。

白川陸相一直不相信及係由日本軍人所幹，因此暗中派人到瀋陽去探問有關人士，因其報告確信沒有錯，才報告田中首相。這是發生事件經過五個月，十月間舉行陸軍大演習時候的事。

田中首相遂決心要把肇事者附諸軍法會議，以嚴正軍紀。據說，對此西園寺公理氏之影響很大，那時西園寺氏非常關心這件事，請去田中首相說：「這個事件之真相對日本人再怎麼隱藏也沒有用，因為舞台是滿洲，滿洲人自不在話下，對於歐美人秘密是不可能的，如趁現在嚴格處罰負責人，張作霖之公子張學良會認為日本替他報了父親之仇而領情，世界也會肯定日本之公正，如果將其不了了之，將來必定會留下禍根。不管怎麼反對，一定要去做。」

田中體會此意，以為這樣重大事件不上奏不行，遂進宮拜謁天皇，報告天皇，犯人可能是日本軍人，準備要把犯人交給軍法會議審判。天皇指示：「尤其要特別嚴肅軍紀。」田中首相奉答：「一定遵照指示去做。」

天皇盛怒

西園寺氏在心中似乎認為，在第一線之日本軍人常有不大好的行為，由之損傷國家之威信和為國家帶來不利影響，趁軍人之田中擔任首相時，是矯正這種惡習的良好機會，所以才把田中叫來，予以勉勵。

但陸軍元帥以下巨頭都非常反對。

反對的理由是，如果召開軍法會議，真相將被公開，這樣一來，表示日本政府公開承認日本軍人暗殺他國領袖之事實，中國人之對日本敵愾心必將隨之升高，進而會大力設法讓日軍撤退，以美國為首之世界輿論將大肆批評和責難日本；國內對於政府之暴露態度很憤慨，不知道將出於怎樣的行動，最後一切責任將由田中首相來負。執政黨的攻治會極力阻止舉行軍法會議。

因此情況與起初田中的想法迴異，而不得不同意白川之行政處分案。這個案是事件發生於日軍守備隊之守備區域，當時完全沒有守備兵在場，追究放棄守備區之責任，以行政處分村岡司令官和河本大佐來解決，這樣混水摸魚下去。

田中前此曾向天皇報告說，調查之後將要予以嚴重處罰，現在必須報告最近之情況，乃請求晉見天皇。根據天皇聽取田中之上奏，愈聽臉色愈變，聽完了之後說：「朕不聽你的說明。」就進去了。田中極為洩氣，回來在內閣會議說了，晉謁天皇時的情況。於是有人說：「真糟糕。做為一國宰相輔佐陛下的人，這樣輕輕被對待。不聽輔佐者的說明，做為首相是沒有立場。」

甚至於有人主張應該去忠告天皇者。的確，應當遵照起初之要公布真相之態度去做才對，不這樣做，現在後悔已經來不及了，但田中受政友會成員鼓勵，想去向天皇說明，請求進宮，那時侍宮從告訴田中說：「我會報告，但可能不會有效果。」

因此田中認為，他已經完全失去了天皇之信任，於是決心辭職，政友會內部有人反對辭職，但田中的決心並未改變。

從此以後，田中過著悶悶不樂的日子，不久就去世了。有人說田中是不是自殺，但不是，我也參加了他的葬禮，他是因為宿疾心臟病而與世長辭的。陸軍把炸死張作霖事件暗中了結，但知道真相的人實在很少。

四、鬧風波的裁軍會議

日本之原則為七成

第一次世界大戰以後，列國之間提出縮小軍備的問題。在此次大戰，不分戰勝國或戰敗國都受到很大損害，因此充滿了不能再有戰爭的氣氛，軍備競賽是大事，根本沒有辦法從事戰後的復原，而且又有引起戰爭的危險。

對於戰爭，我的看法是這樣的。大體上軍備這個東西是無止境的，再加強軍備，也不可能這樣就足夠，沒有這樣的軍再加強，還是會覺得不夠的，所謂裁軍，各國在心裡都是假的。不是真正想和認真去做。

當時我就認為，不可能有正面和完全的裁軍，軍備之競賽必定改變其形態而繼續存在。因此我覺得，不要去做做不到的多餘爭論，要儘量減少爭執，不應該以美英為對手戰爭，不是這種「不應該」。如能做戰爭的準備更好，但再準備再加油，國力差的日本根本做不到，既然做不到，那就儘量放輕鬆好了。被押著頭，總是會有其他的對抗辦法。

在倫敦會議正在爭吵時，我是這樣想的。所謂倫敦會議是要討論一九二一年華盛頓會議時沒有作戰決定的補助艦艇的限制比率。在華盛頓會議，日本之主力艦與英國或美國比率是五・五・三，日本雖然不滿，因當時之全權代表加藤友三郎氏的非常努力，國內沒有發生任何問題平靜下來，爾後，日英美三國準備在這個會議協定當決定且其比率的其他艦種，但一九二七年在日內瓦召開的會議，沒有談成。

商量結果決定重新召開倫敦會議，於一九二九年十月七日，以英國外相之名邀請日美法義四國參加，日本在派遣會權代表之前，商議各種對策，制訂了以下的大綱：

為著國際和平與減少國民之負擔，不要只限制軍備之範圍，而應該進一步縮小軍備，要以無威脅、不侵略之軍備為鐵則。原則上，日本對於英國和美國的限制比率，水上補助艦為七成，大型巡洋艦也七成，潛艇要有七萬八千噸。

日、美兩國案之差異

日本全權代表帶著這樣的大綱到了倫敦。首席全權代表若槻次郎氏，海軍大臣財部彪、松平恒雄、永井松三等會議開始於隔年的一月二十一日，此時日美兩國之提案如下，美方提議日本之補助艦應為英美之七成以下，日方面臨到底要不要接受，使會議成功，還是要決裂的緊要關頭。當時我是事參議官，與牧野（伸顯）內大臣見面討論有關裁軍時，內大臣說：「不能因為日本會議決裂。」我覺得這是非常正確的見解，我也問了西園寺氏的意見，他希望我為訂約之成功盡力。

由於會議遇到難關，美國便提出安協案。日方全權欲其成功，來電請示，其內容更限制了日本大綱所決定之三大原則：大型巡洋艦對美六成、驅逐艦七成、潛艇十成（相等）。

對此軍令部長加藤寬治和次長末次信正絕對反對。在軍令部的會議，曾公開發表三大原則是日本一步也不能讓的底線，所以人們會覺得如果照請示簽訂條約，日本的國防將立刻面臨危機，國內的反對勢力必將強大起來，全權代表之財部的名聲也隨之下降，不過財部不但在強硬派，連裁軍派也不大喜歡他，是因為他把太太帶去倫敦的觀感所致，大家覺得他不應該把太太帶去。

東鄉元帥之對他風評欠佳，也是基於同樣的理由。東鄉氏認為倫敦會議是一種戰爭，因此憤怒說：「戰爭把太太帶去真是不成體統。」

財部之太太是山東權兵衛氏之長女（梅子，梅為平假名日音澤）。封金鎖旅順隊之廣瀨中佐，被山本氏說要把女兒嫁給廣瀨時，廣瀨說我不想靠岳父之威望升官予以婉拒是很著名的故事。這位千金成為財部的太太。廣瀨和財部都是我兵學校一八八九年的同學。

政府對請示之態度

我因一九四四年之戰災，我所寫的日記被燒光了，但很奇怪，就此次會議所寫的日記現今卻在我手上。空襲時我把放了威名控帳的袋子趕緊帶出來，正在婉惜丟了記錄時，打開袋子一看，竟發生裡頭有日記，好像撿到什麼似的，真是高興極了。所以有關此項會議之情形，我想根據我的日記來談（日記是原文）。

三月十六日（一九三〇年，以下同）

下午四時軍令部長加藤寬治大將來。就全權來電請示，以潛艇約六萬噸，不足部分擬以飛機補充，在艦政本部在製艦能力之維持上有困難，同時在配備上也有困難，但最後或將如請示八吋巡洋艦及潛艇很難固守，當需努力。我表示同意。

三月十七日

上午九時山梨次官（註：勝之進中將）來。談請示案之後最後商量該怎麼辦，不得已時後只有接受原案，擁有量這個程度國際還有辦法，不要使其決裂，但需要努力再努力。

我提醒他：海軍大臣之意見如何要以電報照會。

三月廿日

中午前往海軍省，下午一時半幣原外相來。提出請示案，力說四全權皆簽和，若槻說已經很難盡力，政府也很難再盡力。我說，最後恐怕不得已，但八吋巡洋艦對美絕對要七成，潛艇五萬二千噸配備困難，應沒法稍稍緩和，如在飛機其他限制外艦彌補不足，最後只有接受，不能決裂，但現今之軍令部意見與此案差距很大，幾乎要從斷崖跳下來，所以要製做使其能從斷崖走下來之道路，應該研究此點，又海軍大臣對於省部（海軍省、軍令部——譯者）請示沒有表示任何意見，希望由山梨詢問。

三月廿三日

上午八時半往訪加藤私宅。加藤軍服帶勳在客廳，問他要到哪裡，說現在要去向內大臣和侍從長（註：海軍大將鈴木貫太郎，兼把密顧問官）說明我方配備，以及說明美案之不可接受。我忠告他，要特別用心預留後步說明，加藤接受。

下午一時往訪伏見宮（註：博恭王，海軍大將，軍事參議官）邸，奉告明日參議官集會，因我不大清楚大臣之意思，故很難表示意見，擬只聽經過。殿下說財部之想法很清楚，「他出發前曾來我這裡兩次表示，此次會議我三大原一步也不讓步」，並嘆息幣原外交軟弱。此時如果退第一步，國家前途難測，到時我將晉謁（天皇）報告。因此我奉告此事體重大，擬請事前告許山梨，以及奉告政府與海軍不能衝突之理由。殿下說這些都是重要事件，必須好好評估後做決定，到底哪一項重要很難判斷，並笑著。

下午二時，往訪東鄉元帥邸，奉告同樣內容事，元帥對於此次請示表示很不滿的意見。

財部簽名安協案

政府之方針是如何呢？首相濱口雄幸表示會議絕對不能決裂，政府正在以「緊縮政策」儘量減少國內各種經費，如果裁軍失敗，必將擴強軍備，日本之軍事費勢將愈來愈增加，但沒有錢，因此無論如何要簽訂這個條約。如果海軍反對照請示案簽條約，堅持三大原則或主張決裂的話，將引起政府和海軍大衝突。國內之充滿險惡氣氛，係開始於此時。

我個人認為，即使是安協案，國防仍然有可為。如以前面所述，對於裁軍我的看法，要儘量促使其成，為此奔走。

三月廿四日

上午九時半前往大臣官邸。集合者有伏見宮、東鄉元帥、我、加藤軍令部長、山梨海軍次官、末次之長、堀軍務局長（註：慣吉當時為少將，後來中將），首先由軍令部長報告經過並表示意見，下來由次長說明海軍省送給外務省之指示案，徵得各參議官之同意；然後進入閒談，次官說明政府之意向、元老之想法，我極力主張：「這個內閣不能使這個會議決裂，若是將是政府與海軍之戰鬥，其結果必將嚴重。」

旋即財部來了電報。對於美國之安協案雖然不滿，但以全權代表身分對此案簽了字，因此在這裡已經不能反對，要反對就國內反對，因此大家被挾在安協案與反對派之間受苦，據說在倫敦，隨員的諸參謀曾經計畫去揍財部。

三月廿五日

由倫敦通知了大臣之意向說：「不滿美案，但以全權簽了字，期待發生新事態，目下苦慮中。」由山梨有中間案之商量，但沒有結果，三時，三土忠造來。如決裂將需大量預算，但沒有錢。

三月廿六日

要不要向首相建議附上決心之中間案，下午前往大臣官邸與其商議。由山梨托我「現今海軍面臨重要附議，此時海軍高官不對首相表示意見似乎不大好，請能見見首相。」我回答：「如果與加藤一道我願意去。」

三月廿七日

上午十時前往大臣官邸。財部大臣對濱口總理大臣及幣原外務大臣來電報說「訓令案為中間案請附決心之意見。」因此加藤軍令部長和山梨次官集合，忠告「大臣之意思已明瞭，希望軍令部提出中間案。」濱口首相之意思明白，即現今內閣不希望這個會議決裂，如附中間案之決心很難考慮。下午三時訪問濱口首相，首相在個人室和我與加藤見面。

加藤：「詳細說明海軍之三大原則，利說海軍大臣之意思已經明白，應該予以尊重，不然將發生大問題。」首相表示，「訓令已拖延兩個多星期，不能再拖，詳細聽了海軍的情況之後，由我來決定。」

追記：加藤對濱口表示「希望軍令部長能列席內閣會議。」濱口說：「沒有這種先例，我不能同意。不過你和諸閣員都很要好，你可以向他們表示你的意見。」

強硬的加藤寬治

那時候的報紙對我的風評也不好，海軍內部之血氣方剛的人，許多人對我反感。橫須賀之海軍常用的料理店「小松」，曾把寫的匿額掛在壁上，年輕的軍官以「這算什麼」，而把它拉下來，丟進池塘，大家叫好。

我的做法大多學自加藤友三郎氏，我覺得這個人很偉大。在華盛頓會議，五・五・三比率比較簡單通過沒有發生問題，是因為加藤氏之能幹所致，他是一位有中庸思想的大人物。我自己認為我是加藤氏的徒弟。

做為倫敦會議的協調人，我儘量努力於避免激烈的衝突，對於反對派，有時假裝贊成他，點點頭，與其好好對話；對於裁軍派，我時或會表示強硬的意見。

總而言之，大家都是知識分子，這個常識就是我的立足基礎，因為再激烈的人，也有其具有常識的一面，以這做為其同點，當然神經病是例外，有只對於這種人逃，這是我的兵法。

加藤寬治非常熱心地在反對，一心一意誠實，所以很容易應付。他為人單純，是蠻可愛的。比諸加藤，在其正面做種種策劃的末次信正很狡滑，因此以這樣態度去因應。

三月廿八日

與次官協議。即除完全接受請示之外，沒有其他辦法，但關於上述美案之兵力量，感覺配備不足，故要政府答允彌補，一定要以閣議覺書予以承認，又元帥參議官會議，如同會反對政府事體嚴重，故提醒其不要召開。加藤軍令部長來訪，主張召開元帥參議官會議，我說沒有預算。加藤又主張此時應以軍令部長身分上奏，我答說現在不是其時機。

三月廿九日

上午九時半往訪伏見宮邸。殿下說：「發出訓令之前要主張強，但如果已經決定一定要服從，像加藤只是強硬是不行，又元帥參議官會議不能召開，這個問題決如請示，加藤會不會辭職，最好不要辭職。」

我說：「殿下的想法和我的想法完全一樣。」他說：「我今天黃昏將出發去參加兵學校之畢業典禮，將暫時不在家，如果在這期間有參議官的聚會，在適當時刻替我發表這個意見。」

退出，立刻前往大臣官邸和次官會面，轉告伏見宮的話，互相歡喜。

三月三十一日

上午十時半前往大臣官邸。在會客室和加藤軍令部長見面，轉告伏見宮殿下的話。下午三時前往東鄉元帥邸，傳達伏見宮殿下之意思。黃昏訪問加藤軍令部長於會客室告訴「明日早上濱口將說明指示案，屆時你表示將此案提出內閣會議是沒有辦法的事，但可以不可以表示，海軍不放棄三大原則，如果內閣會議決定，將對其善處這樣的話」，他說：「這樣是不是變成承認美國案？」

於是我說：「這話由我來講，你不要講話好不好？」他回答說：「那就這樣做吧。」吉田外務資官（註：吉田茂，現任首相）來。他請我發同意財部之請示案電報，但這電報只在山梨電報之最後附加岡山大將亦同意，稱這句子不另行拍電報。

今日上午與加藤見面時，加藤表情極為悲壯，告話他有自我了斷之打算，與大角（岑生）、山梨商量，今晚由大角訪問加藤邸，自然地告訴他不要發脾氣，慰撫他。

加藤表示，如果他們的主張不能通過，他要「切腹自殺」，因此我吩咐其身邊的人要特別留意，不要讓有不測之行動，但我個人認為他是不會自殺的，因為說要自殺的人，從來沒有自殺過。

回訓之難產

過一日，濱口要我去官邸。我和加藤、山梨一道去見他，他就外交、內政、財政上各種問題做了說明，並說為會議之全權代表指示擬在內閣會議做成決定，希望我們理解。加藤馬上明確地表示不滿的態度，說：「照美國的案在用兵作戰上做為軍令部長無法負責任。」

山梨次官說：「我想和海軍首腦部商量這個指示案，所以內閣會議請等這個商議再舉行」，遂由濱口取得指示案回去海軍大臣官邸。

及至十時左右，加藤聯絡我說：「今日欲上奏求晉謁，卻被親信阻止，能不能從侍從長探聽其究竟。」我到侍從長官邸去探聽，結果說是「今天日程全滿，可能有困難，我並沒有阻止上奏」，因此我也放心，並轉告了加藤。

陛下希望事情圓滿落幕。我覺得，上奏使天皇擔心還是不好。

四月一日

與首相見面之後，集合於大臣官邸。來者有小林（躋造中將，艦政本部長）、野村（吉三郎中將、練習艦隊司令官）、大角（岑生中將、橫須賀鎮守府長官）、末次、堀（悌吉少將，軍務局長），由山梨說明指示案，小林、末次提出三點修正意見，完成修改指示案之後，由山梨宣讀今日內閣會議席上將說明之案及內閣會議黨書，並徵求大家同意，沒有人表示異議，於是山梨帶著該案前往首相官邸。海軍之修正又經過外務大臣之一點點修正，大體上照海軍之希望決定。

關於軍令部長之上奏，我建議在上奏案後面加上「今後將再研究」幾個字，以留言外之意，因為有些不放心，乃令大角訪問加藤，讓他看上奏文，建議文字之修改。據說加藤皆樂意予以接受。

末次屢次失言

四月二日

上午七時半加藤軍令部長來訪。加藤說：「既然如此我必須辭去軍令部長，請考慮給我面子。」我說：「辭職是不得已，但其時機很重要，其時機由我來考慮。」八時回去。後來得知今天上午，末次在黑潮會（註：海軍省之記者俱樂部）欲發生有些不得體之言論，為海軍省知悉，事先被壓下來。

四月七日

下午八時矢吹政務次官（註：省三男、貴族院議員）來。說：「前此末次次長在這重要時局，發表不應當之意見，一角引起政府內部之物議，更由軍令部將其意見印刷，欲在黑潮會發表，因被海軍省得悉始得免於公開出現。本月二日，我和末次被首相叫去，表示在指示案已經發出去之今日，要對此努力善處，末次接受首相之指示，並立正說，前此曾發表不應該之意見，完全是自己個人之所為很不好，自己應該反省，惟因目前事務繁忙，每日上班，敬請予以處分。可是在前天即五日竟在貴族院議員集會席上，又做不應當之問答（註：沒有海軍省之許可出席昭和俱樂部集會涉及秘密書項，表示不滿），某議員將其筆記，發給大家，首相對此事非常不滿，故請貴官警告他不要這樣做。」我答應他的要求。

四月八日

上午九時前往海軍省和次官見面，聽取末次之失言情況，十時拜訪伏見官邸，在門口碰到加藤軍令部長。我對他說：「據說末次又失言，這種事有害無任何益處，請警告次長，將來不要隨便對外發表意見。」部長說：「實是很糟糕，我都告誡了大家，實在遺憾，我會再警告他們。」

拜候殿下，我說：「前此所說意見我已經事實上轉告參議官，上次殿下表示財部回國可以馬上辭職，不管採取任何形式，現今內閣將崩潰，必須改組，海軍將被政黨永遠怨恨，這對海軍來說不是良策。因此我開始想財部回國之後不能辭職。」對此殿下說：「對，被認為叫他辭職是不好。」我表示，「我說了冒犯的話，對不起。」殿下說：「不，你的話是正論，但社會上正論是不一定通，依當時情兄有時候不得已不稍稍修正，不能有所差錯。」

十一時到海軍省和次長面談。希望將來不要讓外面者發表意見，他明言說：「如五日那一天追問不得已讓其講到某種程度，以後不會讓外邊人發表意見。」在次長室與次長會面。我聽次官說，政府不能不處分末次，又法務局長（法務官山田三郎）也認為末次之所作所為不應該，我告訴希望不要把事體擴大，遂告辭。

末次之失言事件，使政府非常憤怒。濱口首相強硬說：「現今內閣採取嚴格官紀方針，軍紀不嚴格的軍部，其最高幹部之亂紀是嚴重事，這比二修巡洋艦的問題還嚴重。」海軍法務官之中，也有人認為末次之五日的回答過分，在公開的場合談政治非常不應該，因為這樣末次可能會受傷，但我認為在財部海軍大臣回國之前，讓其以身體欠佳靜養，善後以後處理比較好，於是向加藤商量，「勸末次以身體欠佳靜養如何？」他拒絕說：「末次只說他自己想法而已，沒有生病我不能勸他靜養。」「末次話說的過分，為了使不受傷，把事情化小是不是比較好一點？」加藤終於勉強同意，我說我來勸末次，他說不必，最後由法務局長以書面勸告加藤，濱口也以財部回國之後再令末次退出軍令部次長，暫時以警告了事。

勸告財部辭職之趨勢

四月廿一日，山梨來說，「……海軍省收到來自軍令部不同意倫敦務級之兵力量。」已經對在倫敦之全權代表指示完成會議，這時候來這樣的文書太不像話。

如果把它當作正式文書，必定發生問題，因此隔天我去找加藤，問他這時候出那樣東西會成為大問題，那是要幹什麼，他說：「只是要海軍省極機密地保存就行。」我勸他，如果是給部省，根本不必用文書，口頭說就好了，最好把文書撤回，加藤卻說：「不，那件文書是在倫敦條約簽名前一天送到海軍省的，這件文書很重要，在財部回國之前不要給任何人看，放在海軍省金庫就行。」既然是這樣，等大臣回來之後交給他不是很好嗎？加藤不接受，並說不能撤回，我覺得再與其爭無濟於事，遂與其告別。

在軍令部之中，有人主張應迎接財部回國中途，勸其辭去海軍大臣。廿七日，古賀大佐（註：峰一，海軍省高級副官）來看我，為和財部見面要去哈爾濱，他說加藤託他轉告財部：「你回國之後可能得辭職，要有這樣的覺悟。」要財部辭職的氣氛相當強大。

五月七日

上午八時山本英輔中將來訪，為的是說大臣回國之同時應辭職，我力說不可。上午十一時半前往海軍省，在軍令部長與加藤大將見面，加藤正在寫東西，我問他寫什麼，正在與人事局長商議，要送財部文件，兵力是政府要補充其不足，軍令部不會提出不可能實行之補充案，現今正在做可行之方案。

但統帥大權問題極為重要，他說應該召開元帥參議官會議以矯正政府之錯誤，我說這個問題，只要大臣尊重統帥權，具有支持它的精神，軍部大臣、武官間都沒有問題，又當負責人之大臣不在時，即使召開元帥參議官會議也沒有用，大臣雖然快要回來了，等大臣回來之後好好聽其意見以後再說比較好。

軍令部長說，「現在之內閣為左傾，海軍內部如不把它弄清楚，將發生重大問題。」我說：「不管內閣具有何種想法，只要大臣可靠都沒有問題。又說現今內閣左傾，這不能隨便講。如果直接聽濱口說自當別論，聽別人說而做各種批評是不好的。」海軍內部確有人亂搞，但對於多年來前輩之努力保持軍紀的海軍，我不相信因為這個問題會發生重大文件，對此軍令部長卻說：「你完全不知道，這已經變成很大的問題。」我說：「我們在這時還說他們亂搞怎麼行，他說我們已經沒有法子予以壓住了。」

幣原演說引起問題

在這情況下，幣原外務大臣在議會的演說成為問題。據傳他在貴族院這樣說：「我對於這個條約是滿足的，因海軍說國防沒有問題而在高興。」他大致這樣說。演說前一天，幣原、吉田外務次官、山梨次官等聚會時，幣原唸了外相的演說草案，因有不大妥當的句子，故修改了一兩個地方，以為海軍已經同意了，而做了演說。

海軍其實只修改了聽到覺得不大妥當的部分，以為會再給予熟讀的機會，但他卻一下子在貴族院說下去了，山梨嚇了一跳，這樣海軍不會同意，建議他修改，他說在貴族院已經這樣說了現他不能修改，而且在眾議院也這樣說。說實在話，雙方都有過錯，今後要特別留意，以抑住海軍方面的憤慨。

對於幣原之演說，伏見宮似很生氣。五月六日，我應詔去了伏見宮邸，殿下說豈有此理，讀到鈴木侍從長，說「鈴木也過分。」殿下欲拜謁（天皇）見到侍從長時，鈴木說：「潛艇在主力艦減少之今日不是那麼重要，驅逐艦比較重要，兵力量在倫敦條約沒有關係。」這說法使殿下非常不高興。

伏見宮殿下說：「鈴木的口氣好像軍令部長的口氣。」而且對於拜謁（天皇）鈴木表示：「據說是要報告陛下，這怎麼行？即使由元師軍事參議官會議奏請我想也不一定會准許。」於是殿下說：「你們上奏時要立正，所以言不能盡意，像我可以以雜誌方式讀，因此能言盡意，故我說要我報告，不要搞錯。」他說鈴木這樣搞錯了他。

政府與軍令部之意見

財部於五月十九日從倫敦回國。許多人去接他，反對派的動作也開始積極起來，一回來就和加藤軍令部長見面的財部對我說，「加藤要我轉呈上奏文，其字面極為不妥當，所以叫他撤回。」

但在這以前，加藤便以無視軍令部之意見，簽訂條約視為干犯統帥權的問題。對此政府持不同意見，認為條約決定權在於政府，不算是干犯統帥權，但上奏之之撤回必須儘快，因此於二十日會見加藤建議其撤回，但他很固執，二十五日我又去勸他強調說：「不，聖上之錯誤臣下必須予以改正。親信不盡職時，要我上奏正確的事，幾年後國際產生危險時，那就措手不及，我認為現在非把實際情形達上聞不可。」

六月七日

上午八時四十分山梨來。前天末次在御前演講時，據說到請憲法十一條、十二條——統帥權問題，講完之後武官長（陸軍大將奈良武次）上奏天皇說請能理解以上是末次個人之意見。九時與山梨同車前往大臣官邸，與大臣會談關於軍令部長辭呈上奏書案。十一時在軍令部長室與部長會面，我勸他撤回上奏書，他說：「統帥權問題因山本、大角之斡旋得到一致但大臣卻不予推展，我不知道大臣之想法，還有你要我撤回辭呈，那你要叫我怎麼辦呢？」我說：「辭職是不得已，但等到補充案出來以後再說如何？」軍令部長說：「補充案已經有了。軍令部以最壞的打算已經準備好了」，「若是等到社長不吵的時期」，部長說：「你的話變來變去很麻煩。」又說：「財部如果不轉呈，我來直接上奏。」我說：「你這樣做不妥當，請你好好思考。」而退出。告訴大臣其要點，大臣說：「因感冒我休養二、三日，又今日曾以電話和東鄉元帥聯絡，他說因身體欠佳不方便，故至今尚未見面，不是故意。」因此中午再告訴軍令部長「大臣也正在努力於推展中」，零時半回家。

更換軍令部長

六月十日

下午三時大臣官邸來電話，四時在官邸和大臣、山梨、小林、松下、古賀見面。今日上午加藤軍令部長，就今年秋季大演習之件請求拜謁，武官長侍立，上奏大演習之後，立刻讀予大臣同樣之辭呈，上奏。侍從長通告古賀此事，古賀在首相官邸下午一時報告大臣，大臣應召進宮。該如何是好？事情已至無法挽回，令其與谷口交替，以加藤為軍事參議官。大臣於四時進宮，帶著松下五時半回到官邸，陛下召見大臣，將加藤之上奏書交給他，並說加藤之處還一位大臣，六時離開。（注：谷口，尚兵大將，吳鎮守長官）。

說要辭職的加藤，終於直接上奏辭意，在這期間東鄉元帥之意見是如何呢？他對於倫敦條約是不滿意的，但並不因為這樣就說國防上不安。

不過據說，東鄉元帥是這樣說的。從自己的實際戰爭的經費來說，以此次條約的兵力量是不夠的，驅逐艦、潛艇等奇襲部隊暫時不談，主力艦不到六成的今日，巡艦需要有八成，不到七成是有問題的，所以最好不要給予批准。如果徵求他的意見，他準備這樣表示。這話也對谷口軍令部長表示過，當時谷口說：「這樣海軍將發生極大動搖，請再好好考慮。」東鄉元帥說：「可能會動搖一時，但為了將來這不算什麼，姑息而造成無法挽救結果才是大不忠，現在退一步，等於真正退卻是非常危險的。」谷口雖然有條不紊地予以說明，但還是聽不去。

財部之辭職問題大起風波

谷口覺得很為難，便往訪伏見宮殿下，請殿下說服東鄉元帥，據稱他說：「需要我去這樣做。」

我以為去請殿下說服元帥不大好，便告訴了谷口，經過兩三天之後，加藤、谷口和我三個人交換意見時，加藤說：「東鄉元帥也表示不批准比較好」，提出元帥意見說要反對到底，於是我說：「批准事在樞密院，與海軍無關。我認為海軍在倫敦條約的不足部分是如以飛機及其他條約以外之東西來補充，在條約期間內可以保持國防。這個補充計劃不是你的嗎？」加藤說：「如果政府有誠意來補充，國防應該沒有問題。」因此我說：「若是，你的意見不是跟我意見一樣嗎？所以我想東鄉元帥是同意的，你說呢？」加藤說：「財部如果負起責任辭職海軍大臣的話，或許能獲得元帥的同意。由你來勸財部最適當。」把事情推給我。

「勸財部辭職不是我的真意。根本不可能」，我雖然這樣說，即是因為萬一財部辭去海軍大臣，可能會給那時正在抬頭之政友會一個倒閣運動的機會。

如果政府倒了，條約也沒有了。因而我說：「但如果批准之後要財部辭職，那我願意負責來勸他」，加藤說：「不得已。但如果批准之後不肯辭職時怎麼辦？」我說：「我一定負責。如果財部同意，你願和我去努力於元帥之同意？」加藤說：「我願意盡力。」

於是我立刻和財部見面。「你知道殿下和元帥對你並沒有好感，現在為著打開局面的方法是你辭職以外沒有其他辦法。你考慮考慮好不好？批准以後，對於殿下和元帥表示願意辭職，萬事將順利。這樣做好不好？」我這樣求他，這是為了要使成功不得已的事。財部說：「你應該是最清楚我的心意。我當然也有這樣的決心。雖然如此，但要告訴別人家幾月幾日辭職這事我不幹的，人要『切腹』是不會跟別人商量的。」

因此我說：「這不無道理，但現在情況不是這樣。以這一件事便可以打開局面，因為沒有其他方策所以我才這樣求你。」財部說：「讓我想想」，不久據說告訴谷口：「我已決心，請轉告（岡田）。」

經過兩三天以後，我往訪元帥，將轉告了財部的事，他說：「為什麼不要馬上辭職。大臣在職一天，海軍將損失一萬。」我對他說名了各種困難情況：「軍令部已經完成了補充計劃，如果不能得到元帥的同意，谷口也將不能不辭職」，然後回家，隔天我又去訪問元帥：「批准之前，全權代表之海軍大臣如果辭職，海軍將被捲入政治問題旋渦之中。加以不管理由，如果現在大臣辭職，社會將認為海軍迫大臣滾蛋，將引起一部分人士對於海軍的怨恨。」對此元帥：「不是這樣吧！如果我叫財部辭職，這算是干預政治，但如果部自動辭職怎麼會是政治問題呢？最近有好多人對我講東講西，我都不予理會，只是聽聽而已，軍人不可以和政治發生關係，這一點我很留意。」有過這樣的來龍去脈，迨至九月急轉近下樞密院通過予以批准，十二月二日濱口首相上奏倫敦條約之批准，並獲得核准。

濱口首相遭受狙擊

倫敦條約之公布是隔年即一九三一年的元旦，在這前之前濱口在東京車站被右傾團體愛國社分子，以手槍槍擊。

載軍條約剛成立，我的努力勉強開花結果了，但其反動遂出現於軍方面，隨之發生三月事件、九一八事變和十月事件，天下日愈多事和混亂。

為著倫敦條約正在爭執時，記得是五月，在沼津火車站臥鋪車上一個海軍軍官切腹自殺，其為倫敦會議專門委員之一人草刈少佐，是引起很大騷動的事件。

右翼分子將其宣傳為憤慨裁軍而死的，其實似乎是因為神經衰弱而自殺的。

加藤寬治為此事也極為興奮，我說這是因為神經衰弱所致他就非常生氣，所以我改說太可惜。發生海軍軍官之自殺、暗殺濱口首相等等，裁軍條約相當刺激了右傾團體之動向。

在海軍，也出現所謂「條約派」和「艦隊派」，艦隊派是偏激分子，陸軍也有宇垣派和反宇垣派，反宇垣派的像是兵崎甚三郎、荒木貞夫等人，另一方面，北一輝、西田稅等在給陸軍之年輕軍官灌輸革命思想。

否定政黨行動日熾

因此於一九三一年三月發生了所謂「三月事件」。據說是想抬出陸相宇垣一成出面組閣的計劃，原田熊雄到這裡說：「陸軍真很麻煩。據稱派人到宇垣政友會幹事長那裡去在議會煽起風波；另一方面，策動大行會之大川周明，議會在爭吵時大行會要在外面呼應，趁東京騷動時發布戒嚴令。好像這個樣子，因政友會不動故沒有實現。」據說閑院宮殿下聽到這個消息，以在軍紀上不可以這樣而予以警告，有製造否認政黨之風潮的傾向，西園寺氏也非常擔心這件事。

對於這件事，據說宇垣曾對原田這樣自我辯解：「小磯拼命要我和大川周明這號人物見面，我以沒有見面必要予以拒絕，因一再勸我，乃於二日前後和大川見面。大川說：『政黨政治已經不通，應該實行獨裁政治，拼命這樣主張，我們要推你為內閣首相。』我說我是現今內閣閣員，不能這樣做。他說：『我們要趁議會騷動時採取行動，屆時陸不要出手，請人旁觀。』我說將危害良民、危害高貴之人士時不能旁觀。事情是如此。」一力說其毫無關係。

我對於當時之陸軍的這種情形覺得很不以為然，但也不應該從外邊有所干預，陸軍之事應由陸軍自己，由陸軍內部之有心人去處理。我聽說過德川義親侯爵，因受到大行社之催迫，交其六百日圓，爾後平沼去看西園寺氏說：「陸軍軍政這樣亂，年輕軍官不知道會什麼鬼。」但西園寺氏似乎說過「宇垣幹得還不錯。」

發生三月事件和九一八事變

及至九月，發生了九一八事變。

此時陛下特地把陸海軍大臣找去，指示「要嚴格軍紀，注意青年將校和軍官不要肇事」，但事變卻日益擴大。原田對我表示要打開這個時局組舉國一致內閣如何？但我以為時機還不夠成熟。

十月又發生事件。十七日，內田信也來電話說，警視廳逮補了三十名左右之陸軍中堅軍官，原因是計劃不軌，他說不是想搞政變，後來得知，這和三月事件是大同小異。不同的是，三月是想以宇垣為首相，十月是欲抬出荒木貞夫。

在這之前，還有這樣的事。金谷參謀總長想內奏時，遭受內大臣之阻礙，由若槻首相先晉謁上奏，因此據說陸軍大憤慨，說要剷除君側之奸人。

在陸軍之動向令人日感危險之時，華盛頓裁軍條約之屆滿日期愈近，有心人正在準備從事第二個新裁軍工作。

因一九三四年在倫敦要舉行預備交涉，乃以山本五十六為全權代表，山本雖然只是少將，但沒有比他更能完成這個任務的人物，他是這樣優秀的人物。

山本在預備交涉時，認為將來的裁軍應該限制攻擊武器，而提議全部廢止航空母艦，令人非常驚訝，但我認為這是很好的想法。那時他早已說出飛機是在將來戰爭的重要攻擊武器，但預備交涉只是試探性的程度就結束，隔年的正式會議，由永野修身出任全權代表。

該項會議因為也有感情上的糾紛而破裂，廢除了華盛頓條約，當時我是首相，以為應該做新的裁軍時發生了二・二六事件，一切終於附諸車流。

五、五・一五事件與政黨

就任齋藤內閣之海相

因為五・一五事件，犬養毅首相在官邸被陸軍青年軍官槍殺之後，日本政情動亂不安，後繼內閣之首相未能迅速決定，齋藤氏之將為首相，都沒有人料到，記得是發生事件十天左右以後，奉命組閣之齋藤氏來電話要我去一趟。一到子爵邸，齋藤氏便說：「開始組閣以來，在昨天以前，取得政友、民政兩黨之同意一正忙，軍方兩大臣沒有定，因已經有了目標，所以才請你過來。我想請你出任海軍大臣。如你所知，現在社會很亂。軍的年輕人搞政治暴力，真不知道會怎麼樣，我知道很辛苦，海軍方面，請你來效勞如何？」

我說在這樣重要關頭，我如能效勞我很願意，但不知道大前輩的東鄉之帥如何想法，我找他商量之後再給予回答，而告別了子爵邸。

當時之組閣情形是，山本達雄同意入閣，但沒明確的回答；打了電報給林銑十郎，但沒有消息；擬請原嘉道出任司法大臣，其婉拒；鳩山一郎對入閣也不表明態度，意外事件後，組閣也因此不順利。我當即前往元帥邸，請教他的意見：「剛才齋藤氏要我入閣，我想來請教元帥的高見。」他說：「你辛苦了。現在只有你能勝任。警察來說，他們開了要用手槍打我的信件，所以自今日起有警察來保護，說要幹的人是不會真正幹的，但今日社會真是麻煩，我希望海軍上下一致好好地幹，不能再發生這樣的事情。」

我請元帥多多指教，並叮嚀說：「社會很亂，請多多保重。」元帥說「沒什麼」，表示沒事。在海軍省，我向伏見宮殿下報告今天的事情，他勉勵我，對於不祥事件主張應該採取斷然措施。我聽說，海軍軍官之中有人與此事件有關，山本英輔大將雖然是現任橫須賀鎮守府司令長官，對此事件發表過很強硬的意見，但海軍內部並沒有其他特別的事。

暗殺政府大官，俾建立以軍人為中心的政治這種動向，因其火種在外邊，因此內部有可能隨時波及，海軍的傳統是不干預政治，這一次的事體是非常可嘆的，風潮必須立刻予以適當處置。以後海軍內部自肅自戒，幾乎沒有人插嘴政治，日後的二・二六事件是陸軍的叛亂。

組閣時，齋藤氏對我的希望是，軍部之統制和經費之節省，對於滿蒙要做正當的主張，因此對於華南，在相當期間內要派駐某種程度的軍艦。不過我認為，要把錢用在這方面，不如用於海軍本來的準備，即要用於新的方面，同時也要對農村之繁榮下功夫。

這樣，政友會內閣下台，成立了超然內閣，日本的政黨政治本來可以生根的，但因政黨之無能終於未能成氣候。

但奏請齋藤氏出任首相的西園寺氏以為，在軍人跋扈、政界動亂不安的當時，要一個政黨來領導政界很困難，所以想令齋藤組織一個超然內閣，而我自己也覺得應該回歸政黨政治，後來我擔任首相時我也這樣想法，但社會終於沒有走上這樣的道路。

腦筋動得快的森恪

那時候的政友會，我特與之熟悉的好人物是森恪。政友會意圖取得下一屆政權，成慎重和強硬兩派，強硬派欲積極倒閣，以奪取政權。

這種氣氛在六月的臨時議會，從八月至九月的臨時議會（第六十三議會）達到最高潮。強硬派拖著慎重派，要求重新編列政府所提案之匡救預算，如果不答應，將提出內閣不信任案。政府對於政友會裁表示，在定期會時將提出根本方案，繼而因基準米價問題政府和政友會完全對立，今期即將屆滿，但一個法案都沒有通過，因而延期了三天會期。移至貴族院之後，也必須延長兩次。內閣本身也分成安協和強硬兩派，所以有內閣之不統一而垮台的危險性，最後在兩院協議會成立安協，這是因為森恪的盡力，以兩院協議會成員帶動當時之大勢的結果。

森恪的夫人是瓜生外吉大將之千金。我和森自田中內閣時代就有交往，又因為與瓜生大將之關係，我們便能夠談得來，因此我和森恪商量安協之辦法。這件事除齋藤氏以外，沒有人知道，會面的地點是利用赤板靈南板拉脫維亞俠節之公館，兩個人在這裡吃早餐，連守衛的警察也不知情，偷偷地去過幾次談事情。其所以利用拉脫維亞公館，是因為沒有人用，對方願意提供，因此便使用這個地方。

與森恪談的大意是，齋藤內閣將在適當時期退下來，把政權交給政黨，並沒有要求其在臨時議會協會通過法案，雙方強調的是政治應該回歸政黨政治，齋藤氏是暫時掌握五・一五事件以後的政局而已，他無意把持政權。我和森沒有做過眼前的小小的政治交易，我們都覺得政黨本身也應該努力掃除以往的弊風，因此與政友會的安協是成功了，但森恪不久去世，實在可惜，因此我由之失去幹勁。隔年一月，我滿六十五歲，海軍也得退休，所以決定辭去海軍大臣。為了要使我留任，有人要替我去活動延長現役，但我不願留下這樣壞例，因而沒有贊成。

六、組閣之難的前後

任務是防範危機

辭去海軍大臣之後，因為沒有什麼事，我便在東京角管的家過著無所事事的日子，但於一九三四年六月的一天，原田熊雄突然來看我，並說：「現今之齋藤內閣，因受帝人事件連累，不久恐非辭職不可。（西園寺）公爵說，聽取齋藤首相意見之後，要由岡田來幹，希望你有接下一個內閣的心理準備。」

因為非常突然，故我覺得很意外，我請他好好回答老公爵，同時和齋藤見面，聽聽他的意見。說實在話，齋藤內閣現在並沒有非辭職不可的任何理由，因發生所謂帝人事件，大藏省有人與其有關係，甚至說與三土鐵道大臣有關聯，為肅正綱紀，有人主張內閣應該辭職。

但當時之日本的情勢是，倫敦條約和華盛頓條約快要期滿。在其期滿之前，有關國家要聚會協議新的裁軍。但急性的人，由於條約快要期滿，乃以軍備上站在劣勢的日本，便開始擔心，倡說所謂「一九三五・三六年之危機」。

在日本國內，從以前就有陸軍之一部分人對政治插嘴，而且這種風紀愈來愈嚴重，因此我認為齋藤氏要再締結條約，和抑住這種軍人之政治野心，如果提出辭職，將要我來接班。

在這種意義上，我的內閣是齋藤內閣的延長。我覺得在這樣的非常時期，能為國家貢獻，我願意奉獻我的一切，但我做首相如何組閣，說實在話，我完全不懂。在這一點齋藤氏也非常擔心，遂對我建議以當時之農相後藤文夫為我的組閣參謀；原田也以我不熟悉，故推薦拓務次官河田烈做我的組閣參謀。

齋藤內閣於七月四日辭職，西園寺氏該日應邀由興津前來東京，並進宮。在奉答後繼內閣首相人選之前，西園寺公野和牧野（伸顯）內大臣、清浦奎吾伯爵、一木（喜德郎）樞密院議長、高橋是清氏、若槻禮次郎氏、齋藤氏等在內大臣府，個別見面。西園寺公爵在向天皇奉答首相人選之前，這樣分別與所謂重臣會面，是從來沒有過。

西園寺公爵不是聽取各重臣意思之後決定以我為首相候補，而是先告訴重臣我是候補，並希望他們能協助岡田。

老公爵擔心日本日趨走向危險境地，期待我能扮演防止它的角色，告訴諸重臣他的這樣用意。

政友會不肯合作

七月五日中午左右，我奉命組閣。我拜受，首先要設立組閣本部，因齋藤氏之善意，提供首相官印之日式房間，遂開始閣員之人選，首先我去拜訪了三黨的黨魁。

因五・一事件，犬養毅被血氣方剛的青年軍官暗殺時離開政權以後，顯然是多數黨部沒有執政的機會。

與民政黨不同，政友會之總裁沒有出席重臣會議，西園寺氏從請其協助。也就是說，鈴木（喜三郎）不像若槻那樣曾經參與樞機，因沒有最上層的情報，故出於不協助的態度。

由於這種原因，雖然望月圭介等人曾給我斡旋過，但以鈴木為首政友會幹部，多不肯合作。如果政友會不合作，不肯推若閣員的話，便不可能組織舉國一致的內閣。因為一開始就碰到這樣的難題，組閣很不順利，由之報紙甚至報導說岡田內閣可能流產。

救星床次竹二郎

那時，伸出援手救我的人是床次竹二郎氏。床次氏那時籍隸政友會，主張應該組織強有力的舉國一致內閣，在政友會的幹部會，據說他主張：「我會服從當議，但我要忠於自己的主張。」因此內田信也老早就告訴我說，如果邀請他入閣，他應該會答應才對。

到了晚上很晚，累得一塌糊塗，才從組閣本部回到臨時宿舍的萬平大飯店，洗完澡準備睡覺時，有新聞記者來訪問。他們是朝日新聞社的入澤文明、每日新聞社的若松宗一郎和報知新聞社的木原通雄等人。

新聞記者當然是想從我這裡得到資訊而來的，但我也不是不可能獲得消息，所以即使很累，覺得有一點厭煩，但我還是和大家見了。從他們嘴裡，我得知床次氏好像要動的樣子，他們對我詢問的內容都與床次氏有關，這對我是有幫助的。

這讓我覺得，與新聞記者見面，在從事政治上是有益處的。或許床次氏會動，那麼問題就是誰替我去跟他交涉，我正在思考這個問題時，當時出入於組閣本部的人們之中有一位名叫土肥竹次郎者，他曾任大倉喜八郎男爵擔任社長之小樽木材會社的常務董事，當時在財界和政界好像很紅的樣子，我也多多少少認識他。

這個人有時候會來組閣本部看看情形。我身邊的人起初對他並不怎麼樣，所以對於他問：「組閣情形如何？」便回答說：「很順利。」此時這應該算是我內弟松尾傳藏的功勞，內弟說土肥這個人常到本部來，他好像和床次氏關係很深，是不是請他去和床次氏聯絡看看，我便和土肥見了面。

土肥說：「床次氏之事我來負責，請等一、二天。」說的非常清楚和很有自信。

土肥好像是一個非常用心的人。官邸前面，一如從前，報館打著天棚，在那裡瞪著組閣本部的一舉一動。因本部和床次氏之交涉必須守秘，所以他來官邸時有時候穿白色西裝，有時候換穿大禮服，所坐車子的車牌號碼也換來換去。同一個人常常出出入入，一定會被新聞記者特別注意，因為這樣，新聞記者沒有注意到土肥這個人的存在。

土肥之偷偷去找床次氏，與其商量的情形，後來我才知道，其經過是這樣的，與我見過面的土肥，隔日早上往訪床次氏位於大久保的家，做過政友會總裁的床次，不會馬上「點頭」，因為在政界的世界，床次是岡田的前輩。

土肥對床次說服說：「不錯，你做過政友會總裁，但以你現今立場，不可能出任首相。現在如果入閣，將來或有出任首相的機會。」床次表示讓他好好思考一天再說。

與床次氏的交涉，如洩漏出去一定會遭受到阻礙；組閣也不能一天又一天地拖延下去，因此土肥來向我報告其經過，我也請他能夠把握時間。

以副首相級迎接床次

在這期間，床次氏似曾召集親信就入閣事有所商議。於是我於六日早上，令組閣參謀之後藤之夫往訪床次氏，繼而該日半夜又派福田和右賀山榮去和床次氏懇談。如果床次氏按照自己主張要入閣的話，他必須脫離政友會，福田直截了當問床次氏：「要跟您脫黨的會有幾個人？」

床次氏想了一會兒之後回答說：「應該是我一個人。」與此同時床次氏又說：「即使是我一個人我也要入閣，但閣員希望能分配三個。」福田對於床次氏之態度和意見非常佩服，福田回來之後向我這樣報告，於是本來預定給政友會兩個的閣員，改為三名，對於床次氏表示敬意，做了迎接其入閣的準備。

七月七日。土肥前來，並說今天將陪床次氏來組閣本部。那時土肥要求一件事情，就是床次是在大臣的經歷上屬前輩，所以請能以副首相等級接納他，我同意了。

於是土肥遂去接床次氏，床次氏好像希望向政友會提出脫黨書之後才要訪問組閣本部，也許是因為想東想西，總不肯答應土肥之請出家門。因為他多年來是政友會黨員，在黨內算是元老，現在違反政友會之黨議，要入閣，當然心情錯綜複雜，不容易下最後決斷。

土肥對床次氏說他和我約定今天要把床次帶來，所以拼命說服他。「你既然那麼說，那就去罷」，到黃昏兩人才從大久保的家出門，床次氏和他的秘書春名成章眾議員坐一部車子，土肥坐另外一部車子跟著後面，往組閣本部開去。

開了一段路之後，床次氏的車子開始往別個方向去，土肥覺得很奇怪，而跟著後面去，車子在青山一丁目，明治神宮外苑圓環附近停了。床次氏從車子出來請土肥下車在路旁對他說：「我在車子裡一路想，還是不去好。自政友本當總裁以來，發生過許多事，現在要在岡田之下入閣，會被世人瞧不起。現在就請你去給對方婉拒。」

他們把車子擺在路邊，似乎談了一個小時左右，土肥說當時他費了九牛二虎之力。如此這般床次氏來到本部是十時左右的事，我和他握手，互相問候。土肥說：「這樣我完成了我的任務」就走了，而床次氏之決定入閣，等於內閣已經成立。

因此，和床次氏一道，山崎達之輔和內田信也入閣。

其結果，政友會開除了他們三個人的黨籍，而他們三個人也向政友會提出脫黨申請書，政友會內部似還有人想跟著床次氏後面脫黨，這些人主張支持舉國一致的協力內閣，認為脫黨不如留在黨內，以牽制要掙取純野黨立場之鈴木總裁，故除占政務官等其他地位者外，多留在政友會。

我對床次氏斷然入閣，我一直感謝他。我請他出任遞信大臣，任何事我都和他商量，爾後有所謂「五十萬元事件」（張榮良送床次五十萬元的事件——譯者），政友會把它提出議會，欲使床次氏難堪，這件事以後再說。

我想有一天他會出任首相，但組閣第一年的一九三五年七月十五日早上，他突然病倒，因從前的過勞而損害了健康，八月九日，春名秘書官送來了床次氏的辭呈。

我不想接受。床次氏一字有他自己的想法，我希望他好好靜養，故要春名秘書官把其辭呈帶回去，聽說他九月八日去世，我大失所望，我失去了我最好的商量對手。

舉國一致內閣的出發

言歸正傳，現在要說的事，是因為沒有錢，連組閣費用都成問題之事。被報紙報導說一天大約兩百元，連西園寺氏也替我擔心，組閣遲遲不進，據說甚至於有人主張金錢日日減少，不趕快弄，必將動彈不得。

為慰問在悶熱的天棚裡的諸新聞記者，想有所表示，卻束手無策，只送了一些冰塊給他們。「要冰的東西，你們自己去想辦法」，但大家都非常高興，自己買啤酒等來冰，服我的貧窮。

內閣之親任式舉行於七月八日。大藏大臣我本來希望高橋是清氏留任，但他推薦大藏次官藤井真信出任，高橋說藤井應該可以，讓他幹幹看，我有一點不放心，但高橋氏說會協助他，「如果發生問題我一定會來收拾處理。」我覺得這樣實在太好了，便放心讓藤井來幹。

民政黨中，由於若槻氏之特別的關照，令町田忠治和松田源治入閣。雖然政友會三名閣員，民政黨只有兩名，有些說不過去，但若槻氏還是點頭了。

其他的閣員是，我兼拓務大臣、外務大臣廣田弘毅、內務大臣後藤文夫、陸軍大臣林銑十郎、海軍大臣大角岑生、司法大臣小原直、文部大臣松田源治、農林大臣山崎達之輔、商工大臣町田忠治、鐵道大臣內田信也、內閣書記河田烈、法制局長官金森德次郎。

報紙刊登我要出席親任式時的照片，我正用手壓著高筒加帽的帽簷，為什麼這樣？這是一樁笑話。

進宮時要穿大禮服，我有冬天的，就穿了它，穿起來好熱，只有忍耐，但沒有大禮帽。幸好迫水（久常、岡田之女婿——譯者）說他有，遂借用他的帽子，把它拿在手上出去門口時，許多報館的攝影記者在那裡等著，一看到我便說：「閣下，請戴上帽子。」好，我遂把它戴上，因為迫水的頭大，帽子蓋上我的耳朵。我遂用手把帽子往上推，結果變成拿著帽簷照相。

我在首相任內儘量和齋藤氏取得聯繫，齋藤氏也常給我忠言。西園寺手下的原田熊雄也常常來跟我聯絡，我身邊的人有人把原田戲稱為「留聲機」，這是很不禮貌的，只因他將西園寺氏的話，原封不動地轉達，但我自己很喜歡聽聽西園寺氏的意見，也很尊重他的意見。

帝人事件與起訴三土問題

組閣不久遇到的是起訴三土忠造的問題。

那時在政界、財界大起風波的所謂「帝人事件」是，與帝國人造絹絲株式會社股票過客有關的行賄空賄（貪汙）事件，真相實在不清楚。事件從一九三四年開始檢舉，裁判至一九三七年，最後是不了了之，裁判結果全部判無罪，有人說事件本身就是「檢察官所創造的空中樓閣」，它波及大藏省，由之黑田次官被傳訊，高橋藏相以在責任上要辭職，繼而殃及鐵道大臣之三土忠造。如前面所說，為此齋藤內閣辭職，真是無聊透了。

三土為此事件被傳去做證人，宣誓之後作證，因其所言內容與檢察官的調查內容完全不一樣，結果以作偽證被起訴，因這需要勅許（日皇批准），故小原司法大臣把這個案遞上來。因此案是有關前大臣的事，大意地呈請勅許（日皇批准），萬一搞錯的話是無法挽回的大事，所以我命令小原重新調查，小原自己也要其他檢察官再調查有關三土的問題。結果說還是相當於偽證罪，因再三調查結果得出同樣結論，故小原的態度便強硬起來，他甚至表示，如果首相不蓋章，他要辭職。既然有那麼確實的事實，我就蓋章，把它送往皇宮。

天皇對於內閣的上奏，同意時會明確說「是」，不同意時保持沉默，不同意時，有時也會暫時留在手邊，這意味著陛下有意見。關於三土的案，我記得這個文書也被留下來，因我的詳細說明才下來勅許（日皇批准），據說，時至今日，小原還在說起訴三土這件事是非常遺憾的事。

如果是關於大臣的事，上奏時要弄清楚天皇擁有怎樣的想法，應該努力於按照天皇的意思，但似有人在不知不覺之中，做了不合乎天皇之意思的事。

陸軍干涉內政日熾

我兼任拓務大臣至十月。陸軍和外務兩省之中，有廢止拓務省的意見，我覺得有比較好，惟因沒有拓務大臣的適當人選，遂由我自己來兼任，可是因為在滿洲機關之改革案，發生了拓務省全體職員提出辭職的事件，負起其責任次官坪上貞一辭職，乃以兒玉秀雄為專任的拓務大臣。

在滿洲機關之改組，係由陸軍對齋藤內閣所提的案，由我內閣接辦，在陸軍、外務、拓務各省一再討論結果，再有內閣會議決定其案。

它把滿洲之事務，由外務、拓務兩省分開，移往新設之內閣直轄之「對滿事務局」，廢止關東長官職位，將其權限內之行政事項交給駐滿洲國大使，也就是駐滿大使由關東軍司令官兼任。在駐滿大使之下的「在滿行政事務局」的警務部長由關東軍司令官來兼任是此次鬧事的原因，關東廳之警察和關東軍的憲兵關係不好，如果變成這樣的制度，關東廳之警察將在憲兵之下，因此警察群起反對。

警察起來反對，關東廳職員呼應，進而影響到拓務省。關東廳長宮，與駐滿大使和關東軍司令官是所謂三位一體，菱刈隆大將兼此三職。因關東廳之課長都是文官，故不滿時不會找軍人的長官，而直接訴諸其「老家」的拓務省，所以拓務省官員便都站在反對的一邊。

起初為了緩和當地的反對，拓務省派人去，但去的人反而贊成他們的意見，對於因應局面一點都沒有幫助，所以問題愈鬧愈大。在滿五千名的警察組織代表團回國陳情，這些人因為殺氣騰騰，所以小粟警視總監也嚴謹警戒，我要和陳情團見面時，據說還對他做了身體檢查看看有沒有攜帶兇器，警察監視警察，真是怪事。

有的人以為，實行新的制度，滿洲的警察會變成憲兵警察，但我並不覺得會這樣。

在當時滿洲這樣特殊的情況下，我認為由憲兵司令官兼任也無不可，雖然是兼任，警察的機能不會因此而有所變化，部長之下一定會設文官的課長，可以防止成為憲兵警察，不過陸軍為通過出於強硬態度，拓務省也不示弱。因為我是首相，同時也是拓務大臣，一人要扮演兩個角色，所以非常為難。

陸軍發表聲明說：「在維持治安上軍警有統一的必要，如此彼此之聯密將更加密切。」反此拓務省則反駁說：「在制度上不自然，為害多反時代的制度。」拓務省和關東廳之官員，使出最後的手段——連同委任官，全部提出辭職。

在這期間，現在回想起來，其場面相當緊張，但也有可喜的一面，經過各種努力的結果，大家同意照案通過，迨至十一月回辭呈，坪上終於不得不辭職，於是實現了憲兵司令官之兼任。

對滿事務局總裁是陸軍大臣的兼任，起初林務軍大臣說要以文官的總裁武官為次長，後來主張要以武官為總裁。對這一件事陛下有意見，乃問：「這樣可以嗎？」因在心中雖覺得這樣不好，但又不便說出來而非常困惑。

現在想來，陸軍這樣一步一步干涉內政，是我自己太軟弱了，而在反省。

請高橋老先生出任藏相

藤井是很能幹的大藏大臣，在內閣會議席上，幾乎沒有人能與他比，可惜身體不好，而且其部下多是他的老同事，壓不住他們，因此在預算內閣會議，對於陸海軍之要求金額，不得不予以追加。

閣員們對藤井說應該通過該案，但在大藏省賀屋興宣主計局長似乎反對，所以藤井說：「下面的人不同意，所以我也沒有辦法」而束手無策。因為是開夜車的內閣會議，休息時在首相辦公室，床次氏非常生氣對町田說：「壓不住部下的大臣是不行的。町田君，我不能跟這樣的大藏大臣共事，我們辭職就好了。」

此時有臨時利得稅三千萬圓的增稅案，以床次氏、町田為首的政黨出身閣員都反對，但大藏省卻在那裡堅持，我覺得最好是不要加稅，因爭執使得內閣幾乎快要垮台，也因為這樣藤井的健康江河日下，就任四個月辭職，靜養，隔年初突然過世。

其後任，實非高橋氏莫屬。組閣當時，我對於大藏大臣和外務大臣的人選等別用心，所以這一次我一定要讓高橋氏點頭而去看他。

的確，高橋氏是個好人，以前也和他約定過，藤井發生任何事時他說他一定會出面收拾因應。起初我以為必須強勢以對，但他卻馬上同意，這使我太高興了。根據在車上等我的迫水的說法，他從來沒有看過我以那樣高興的表情，連穿鞋子都覺得迫不急待地，從別人家出來的樣子。

一上車我就說：「一切都ok」，迫水問我：「什麼時候學會ok這個單字？」在什麼地方學的不記得了，不過萬事ok是當時非常流行一句話。

政友會提出炸彈動議

因為高橋氏入閣，政友會遂提出要老先生脫黨的公告。據稱，高橋氏不但拒絕脫黨，而且提示政友會將來應該走的道路，並表示：「我不離開政友會，政友會要開除就開除好了。」

政友會因為對方是大前輩，不便開除，故以離別之方式通告，而對於我的內閣採取完全在野黨立場的政友會而言，高橋氏之入閣，的確打擊很大。對於這樣的大人物，政友會成員都很敬佩他，因此在議會裡，高橋氏一上台，便全體一致予以鼓掌，政友會的議員也是一樣，甚至有議員稱他為「高橋首相」，報紙的漫畫把高橋氏畫得好大，小小的我站在他旁邊。就我的內閣而言，他的存在實在太大了，而這也是我的光榮。

由於這種原因，內閣由之更加強有力，以迎接了六十六議會，所謂「炸彈動議」，一直被認為是毫無意義的追加預算要求，實與當時之東北地方的饑糧有關係。

由於寒冷禍害，該年之東北農村的收成大減，悲慘情況實屬空前，現在回憶起來，還是會令人流下眼淚，從東北地方到達東京上野車站的火車，幾乎每天有要賣身的姑娘，因而引發了防止賣身的運動。

為著搶救一天只能吃一兩次橡實勉強維其生命的貧農，巷間天天發起募捐運動。在東北，下雪天小孩卻都沒有樹膠鞋子可以穿；因為饑餓，沒有東西吃，所以在挖蕨菜根吃，為購買米糧，許多鄉村發行村債，很是可憐。

這種農村的窮苦，雖然不是直接，但我認為是發生二・二六事件的原因之一。東北出身的士兵非常優秀，這不一定限於東北，構成軍隊的多是農村的青年，農村疲弊，軍隊當然強不起來，這種事實似乎影響了年輕軍官的革命思想。

這暫時不說，為搶救眼前之東北的悲慘狀況，政府計劃盡可能的編列預算，以災害對策、匡救事業為中心，記得為總共七千萬圓；可是在十二月五日的預算委員會，政友會之東武忽然要求發言，提出動議說：「我對於政府的預算不滿。為打破地方政府之窮困，應該編列一九三四、三五年度一億八千萬圓之追加歲出，在下一屆定期議會提出。對此政府未表明態度之前，本委員會應該暫停審議。」

其他政黨委員都很驚訝，表示反對，但這項動議由占多數之政友會委員通過。為什麼說它是「炸彈動議」呢？因為一億八千萬圓這個數字太大，同時政府完全不知道會有這樣的動議。

怕解散眾議院之政友會

在這之前預算委員會休息時，耳聞政友會好像要提出什麼動議，遂令秘書官去四處打聽，但毫無所悉，政友會之政務官也沒有人出來，一點線索也沒有，政府很擔心對方要提出什麼，結果不但不驚訝而是很放心，因為一億八千萬元之數目實在過於龐大，簡直是荒謬到極點，甚至向下一屆議會提出總預算還不到二十億圓。

據說這個案的起草者是太田正孝和助川啟四郎，似受黨幹部命令而為。

提出動議時，記得民政黨之工藤鐵男大聲說「真是無聊」。知道要提出動議的只是政友會內部的幹部，似乎也沒有經過黨議，所以很機密，雖然洩漏出去，但政友會內部也有人說豈有此理，認為怎麼可以向政府提出這樣無理的要求。

對於此項動議，政府於六日上午舉行了院內內閣會議，這樣莫明奇妙的動議既然在預算委員會通過，預算已經無法審議，只有解散國會。林陸相、大角海相、後藤、町田床次、內田、山崎諸大臣皆贊成解散。

通常，政黨出身的大臣是不喜歡解散國會的，但當時他們卻很強硬，欲相安無事才要費力，如果這樣決定要幹的話，相反而覺得很爽朗。

在另一方面，得知政府態度之政友會似開始內鬨，因為不喜歡解散，尤其不知道要提出這種動議的議員更是如此，我想幹部也萬萬沒有預計到事情會發展到這樣的地步。

於是山本條太郎出面了。山本和我是同樣福井縣的出身，政友會的諸幹部以山本和岡田關係很好，乃請山本仲介。

因山本說想跟我見面，我派福田去。山本問福田：「據說政府決定要解散國會。」福田回答說沒有錯，山本說：「怎麼搞這樣的笨事，我負責要他把它撤回來，請首相這樣答辯。」問他怎麼答辯，山本說：「在臨時國會很難，願意在定期國會好好考慮。」如果這樣答辯，政友會將把該案撤回。福田很認真地說：「首相不會這樣說，這一次臨時國會的預算是配合下一屆定期國會而編的預算，首相不可能說在下一屆定期國會要怎麼樣這種言論。」山本說：「到那時候大家都忘光了，沒有關係」，「不，首相是非常認真的人，不會敷衍塞責的」，「我不是在問你，你回去給老闆報告就是了」，山本開始生氣。

政友會大概想保持面子，以便撤回動議。福田從山本處回來是七日凌晨，在該日預算大會我答辯說：「下次實際去瞭解真的有必要設施，我將誠心誠意去研究。」政友會說：「已經看到政府的誠意。」此案暫時告一段落，但其餘波也出現於下一屆定期國會，為其善後處理花了不少時間，政府由之設立一千五百萬圓第二預備金，島田俊雄說：「已經看到政府誠意之片鱗（一斑）。」政友會之爭遂告一段落。「誠意之片鱗」這一句話之流行，起始於此時，國會政治之變成言語的遊戲，從這句話可以看得出來，由於這種原因，而產生了一部分人開始輕視議會政治的風潮。

當時，政友會和民政黨有攜手策定國策的機會，惟因政友會擅自提出這樣的動議，因而與民政黨產生嫌隙。

政黨人士自掘墳墓

像這種事把它擺在一邊就好，但卻有人故意要把它挖出來，令當事人不知該如何是好，這種人自古就有，譬如對於因為稍稍不慎，必須對皇宮道歉的人，道歉已經沒事的，卻有人要把它當做問題，欲置人於死地而後已。

在這個臨時國會中，政友會提起鹵簿誤導事件（昭和天皇誤導事件）來攻擊政府，這對我來說不是很愉快的事。所謂誤導事件，發生於十一月十六日的群馬縣桐生，當時在北關東舉行大演習，東西兩軍之司令官是荒木貞夫和阿部信行，這是多餘的話，那時政治家之中有不少人討厭荒木，希望荒木軍輸，我也聽到這樣的話，由於這種原因，反而刺激了陸軍派之間的鬥爭，我覺得沒有必要談這種事。

天皇臨駕這個大演習，進而巡幸地方。在桐生，準備先訪問桐生西小學，然後去參觀桐生高等工業學校，路程是定這樣的，警衛先驅一再預行演習，注意不能有所差錯，但到時在路上迎接者人山人海，家門前甚至搭上帳篷，與演習時候情況完全不同，無法抓住目標，因此在小學應該轉彎的沒有轉彎，一直走下去。去不久覺得不對，但又不能逆行，只能直往下一個預定地的高等工業學校。

高等工業學校那裡，松田文部大臣據說也去了，因為距離天皇臨駕還有時間，大家便上二樓吸烟，此時突然有汽車聲音，從窗戶一看，陛下已經到了，大家驚慌失措，手忙腳亂地趕快下樓梯來迎接，狼狽極了。

先驅之警部深感責任之重大，十八日天皇要由前橋車站出發時曾意圖自殺，我和後藤內相進宮，以政府之差錯向陛下道歉，陛下並沒有指責。

但政友會卻在國會提出把這件事當作問題，並問政府：「對於這個差錯政府要如何負起責任？」在十二月一日的大會提出，質詢的是安藤正純，答辯的為後藤內相，目的是要內相負起責任。安藤責問說：「以懲戒處分下級官吏，內相道歉了事怎麼行？」後藤答辯說：「非常惶恐。」後從台上下來，安藤問說：「非常惶恐是要怎麼樣？」後藤回答說：「非常，非常惶恐。」下台；又問：「非常，非常惶恐，那麼要採取怎樣的措施？」「非常惶恐，我會身心靈惶恐」，後藤做同樣回答。如此這般，政友會一點辦法也沒有，不止這一件事，在年定期國會所發生的國體明徵論，討論國體時，逐漸轉列否定議會的政治方向，以這樣製造問題的作法，無異是政治人士在自據墳墓。

七、面臨危機的時期

日益抨擊自由主義

國體明徵的問題，拖延到隔（一九三五）年二月的定期國會（第六十七議會），那時從九一八事變以來，逐漸抬頭的右翼勢力，日益強大。

以天皇為絕對中心，所謂天皇親政是日本本來的正統，因而排斥自由主義的思想日趨壯大。這是欲以天皇為幌子，以實行獨裁政治為目的的結社，包含蓑田胸喜、三井甲之一夥人，拼命攻擊美濃部達吉博士之憲法原說，甚至謾罵博士為「學匪」，其兵正幕後人是一部分的軍人。在這樣氣氛之下，與他們通款之在鄉人的議員不甘寂寞，開始攻擊以議會主義為根本思想的美濃部博士之學說。

起初，這好像是學說的論爭，但後來逐漸露出真面目，出現右翼勢力的很大攻勢，進而陸軍站在最前頭。

首先開火的是，二月十八日在貴族院之菊池武夫的質詢，以帝大教授之著作破壞國體是混帳，攻擊以天皇為國家機關的美濃部達吉博士憲法學說。

廿五日，美濃部博士在貴族院辯解說：「這是片斷地抽出我著作，不顧前後關係所做的攻擊。我並不否定君主主義，我一再地說天皇制是日本憲法的基本原則。產生機關說之根據是，天皇為國家之最高機關，總攬國家之一切權利，國家之一切活動來自最高之源頭的天皇。」

平常很平靜的貴族院，美濃部博士從台上下來時，好多人鼓掌。我也覺得這是非常好的演說，但問題並未結束。

在二十七日的眾議院院會，陸軍少將江藤源九郎，奈良縣選出的眾議員，引用美濃部博士之著作《憲法精義》對我質詢說：「您覺得美濃部的國體觀念有沒有錯誤？」我說：「如果把美濃部博士的全部著作看完，我不認為有錯誤。」

江藤在眾議院一再提出這個問題以後，麻煩愈來愈多。廿八日黃昏，貴族院之菊池武夫、井田盤楠、井上清純，加上江藤之提議，政友會的東武、山本梯二郎等七、八名議員在星卡岡茶寧舉行抨擊小濃部學說的懇讀會。

其成員包括貴眾兩院議員，以這個問題為契機，政友會在開始策動倒閣。從此以後，在各種委員會，西村茂生等幾個眾議員，對於我、後藤內相、小原法相、松田文相、金森法制局長官，以極為簡直不可思議的興奮口氣，問東問西，想取得言質（承諾）。

這一屆國會本來要就提出治安維持法之修正法案討論，可是這個法律案之提出，與發生國體明徵論是同時，因此治安維持法委員會，幾乎成為抨擊機關說之舞台，他們不做法律審議，而專門議論國體明徵問題。他們一再執問：「總理大臣對於日本國體做怎樣的看法？」我從頭到尾到回答說：「憲法第一條規定得非常清楚。」我這樣問答幾十次，最後竟問：「憲法第一條是怎麼寫的？」我說：「這在第一條寫得清清楚楚。」我記得是政友會的西村茂生，據說非常氣憤地說：「總理大臣躲在憲法第一條之戰壕裡頭，所以實在沒有辦法。」

不擇手段的政友會

站在總理大臣的立場，又處在當時之國內情勢，這種問題實在很難搞，我自己心中暫且不談，說話時要特別慎重，一因小事被抓到把柄就不好了，在完成內閣之任務的過程中，因遭受到這樣的攻擊而中斷是很可惜的事，我自己應該做的定，克服這樣獨裁的動作，以保衛立憲政治才是正道⋯⋯。

我靜心思考，自我組閣以來，政友會之純在野黨立場，不擇手段地策劃倒閣，迫而與否認議會政治之右翼勢力通款，無論如何絕非聰明之舉，黨內分成幾派，互相爭鬥，前述之炸彈動議，有人說是總裁派要使久原房之助一派大吃一驚所搞的勾當，總裁派似乎氣憤久原派和民政黨通聲氣，而故意在製造間隙；總之，政友會本身問題很多。

這是定期國會在開會之前的我欲以舉國一致來打開困局的想法，為著製造和政黨總裁融洽談話的機會，我曾經計劃過三黨黨魁會談，可是鈴木拘泥面子，拒絕出席，不得已一月十七日的聚會只有町田（兩天前接著槻氏後任命為民政黨總裁）和安達國民同盟總裁之對話，後來山本條太郎說下一次要鈴木總裁出席，希望我兩舉辦一次三黨黨魁會談，因此我又邀請鈴木，今次大概心情變了，同意出席，遂於十九日又舉行一次三黨黨魁會談。

因鈴木第二次才勉強出席，其實我的幹勁已經大減了，如果鈴木一開始就出席，不管政友會之向背如何，我相信會更好，他在黨內因為受各種分子之折磨而非常辛苦，但做為一個政治家，他是誠實的人，但不是一流的人物。

天皇同意機關說

在四日的貴族院預算院會，三室戶敬光不死心地繼續質詢我，要我做政府負某種責任的答辯。他問：「首相對於機關說存在做如何看法。」對於我說憲法上之議論應該讓憲法學者去討論就行這個說法，他批評說天皇之事不能以憲法中之文字局限來解釋，對此我回答：「我並不支持機關說。」他便問：「若是，首相認為機關說在日本不應該存在，可以不可以這樣的解釋？」

當然我並不認為「天皇機關說」不許在日本存在，我不能被三室戶牽著鼻子走，因此很小心地回答：「這是必須好好思考的問題。」但仔細一想，我被以國體明徵之招牌的攻勢往後退了一步，以前我對於菊池之質詢回答：「機關這個用語雖然有不穩當的感覺……」，想這樣把問題結束，這一次卻不得不說：「我並不贊成機關說。」就我而言，這如果只以國會為對象的問題，我大可以按照我的信念表示意見，惟因閣內的軍部大臣贊成否定機關說，所以為著不與他們發生衝突，以及對抗假裝愛國導皇之右勢力，我又不得不說心外的話。現在我要說實在話，對於這個問題，陛下是怎麼樣想法呢？陛下說：「天皇是國家的最高機關，機關說就好。」同時表示，「以很麻煩的事當做問題。」

但我並不想拿出這句話來壓攻擊機關說的人，我不能貪一時之方便來連累皇室，所以我把這一句話擺在心裡頭。

令人著急的五十萬元事件

與這個事件並行的，還有對於政友會之床次氏找的麻煩，所謂五十萬元事件便是。這是很難看的揭短，它開始於在一月廿三日的院會政友會之山國義一的質詢。

內容是，眾議員鶴岡和文，因瀋陽總領事赤正助之斡旋，向張學良借過五十萬元，赤塚是鹿兒島出身，與床次氏關係非常好，床次氏於一九二七年旅行東北時，與張學良面談過，那時是田中義一內閣，我擔任海軍大臣，田中對中國的政策很強硬，所以張學良大概希望床次設法緩和強硬政策為目的，應赤塚之請托給了錢，但這種話並非開始於此時，成立犬養內閣時，已經知道床次氏與這筆借貸金錢沒有關係，床次氏由之也入了犬養內閣。這件事又在國會提出，當然床次氏要生氣，但他還是斷然辯明態度，以後就不再予以理會。

可是很奇怪，政友會竟弄來了兩個所謂證人，一個是鶴岡家之女傭人，作證說和鶴岡太太一起，把裡頭裝錢的包包送到床次氏家裡；另外一個人，說是把鶴岡太太和女傭人，從銀行送到床次氏家的司機，這個司機根本是假的，而弄出笑話來。因為來路不明的這個人，趁在國會生五十萬元事件，把這個假證人交給政友會議員，政友會把他當作證人，以助其聲勢。

後來政友會也覺得不好意思，五十萬元事件遂變成虎頭蛇尾，不了了之，這給國民很難看的國會的一面，好可惜；那時血氣方剛的青年，無緣無故地討厭議會政治，進而跟獨裁行動合污，不是完全沒有道理。

值得同情的林陸相

對於機關說，陸軍的態度逐漸明朗，以「絕對反對令人對國體觀念產生疑惑的學說。對於這樣的問題不做明確的處理，會影響士兵的教育」為由進入政府，而政府期待於陸軍大臣的是希望他能控制軍隊裡的這種動向，林在這一點實在無能為力。不止這個問題，大部分都是如此，一旦在內閣會議決定的事，他馬上會推翻，回到陸軍省以後，打電話來說，要取消他剛才所說的話。

換句話說，他本身有常識的好人，但把內閣會議所做決定事情說給部下聽就遭到反對，一被反對便無法抵擋，只好推翻剛才所說的話。軍務局的年輕人不聽大臣的話，因此在閣議要發言時，便把它寫好，照所寫者來唸。這一定是下面的人寫的，因為這樣，大臣便失去統制力量，因此下剋上之風氣日熾，他把年輕人的意見拿到內閣來，所以我有時候會得這根本就不是大臣的意見，因為太離譜。

關於天皇機關說，林陸相和大角海相的態度，開始時還不算離譜。在三月九日的貴族院院會，林說：「我不認為美濃部博士的學說對軍有不良影響。不過對於用語沒有好感。」但在十六日的眾議院卻說：「天皇機關說在今日已經離開學者論爭之範圍，成為重要思想問題。應該趁此機會（使人們）對國體沒有不同的意見，我們要努力於消滅這樣的學說。」一逐漸改變其態度。這個說法，就政府的立場來說相當過分，如果我和其他閣員說與其不同意見，將成為閣內不統一，但又不能壓制陸相，政府之答辯自然而然地要配合軍，政府立場又後退一步，外界的氣勢由之又高漲起來。

在鄉軍人會也相當活躍，且被利用著。在九段的軍人會館舉行了大會，氣勢好大，似乎準備在大會詰問：有我這樣的總理大臣日本的國體才漸漸不明徵。他們要求我出席這個聚會，我說「要出席」，但覺得去參加這種無聊的會沒有意思，遂派福田秘書官代理我去，並代讀賀辭，於是詰問他：「總理大臣為什麼不來，不是說要來嗎？」責備有加。林被夾在中間，很是狼狽。

右翼開始採取直接行動

如前面所述，政友會攻擊機關說之風波逐漸擴大，並做成這樣的決議案：「明徵國體本義，使人心歸一及刻下最大要務，政府對於與崇高無比之我國國體不相容的言說應該立刻採取斷然措施。」同時呼籲民政黨支持這項決議，但民政黨並不積極，因為對於民政黨來說，這是極其微妙的問題；在另一方面，有倡說一九三六年危機的運動，與國體明徵絞在一起，國民的愛國心，很容易為右傾分子所利用，因此產了應該成立強有力內閣，以因應危機的想法。

所說三六危機，其實我認為因此而要擴大軍備是錯誤的。首先說要擴大軍備，因日本是一個窮國家，根本不可能對抗美國，國防的問題用外交來解決比較好，因此應該簽訂新的裁軍條約，我認為必須這樣做，陛下希望儘量不要搞軍備競賽，即不要和外國搞對立，走日本正確的道路，我自己也希望按照天皇之意思去做。

但民政黨又不能完全反對事關皇室之尊嚴的打擊機關說，由於各種原因，民政黨終於接受政友會之決議案，並於三月廿三日院會提出該案。出面說明的鈴木喜三郎演講說：「政府對於這個天皇機關說是不贊成，但卻躊躇、逡巡，不採取措施是國家的遺憾。」

在同一天黃昏，有一個拿日本木刀的青年，闖進憲法學者、支持機關說之學說的樞密院議長一本喜德郎的家，那一天是一木夫人去世，悼唁客人眾多，據說邸內非常雜亂，這個人竟拿著日本刀亂舞，走進最裡頭房間亂來，不過在行兇之前，警察便用手槍把他逮捕了。據說這個人是反對機關說之右翼團體粹大眾黨的幹部，為此問題竟出現了採取直接行動的人。

陸海軍大臣，代表軍方立場開始對我要求下決心。我都回答說：「慎重考慮後我會妥善處理」，對此他們說：「政府這樣講，國會完了之後是不是就要裝傻？」江藤眾議員告了美濃部博士。這是題外話，戰後在熱海跳水自殺的清水澄博士，……那時我常問他的意見。政府並沒有聽他的意見來判斷機關說之是或非的意思，但在回答議員質詢之前，總得聽聽當時之行政裁判所長官（行政法院院長─譯者）清水博士之意見，我覺得清水博士之學說，大體上介於美濃部博士和上杉慎吾博士中間，清水博士對陛下進講過，以後曾任樞密院副議長，戰後曾任議長，與制定新憲法之同時，留下充滿信念之遺書離開人間，可以說為舊憲法殉死。如此這般國會會期即將屆滿，治安維治案修正案和有關農林之重要法終於審議未了就閉會，因以多數黨之政友會為對手，實在束手無策，由之愈被譏為軟弱內閣。在這樣情勢之下，政府希望美濃部博士能自動有所處置，但他的態度是：「政府的困難立場我能理解，但我的學說是堂堂正正的，一切非難都是來自曲解和認識不足所致。」

同時，美濃部博士曾經要求和陸軍方面的主要分子見面，好像不是要和他們辯論，而想解開他們的曲解，但遭受軍方拒絕，陸軍的說詞是：「在信念上既然反對天皇機關說，自沒有必要聽學問上的主張。」非常單純。

司法部認為，江藤既然以不敬罪告了美濃部博士，自不能不理，遂令其向東京地方檢察局報到，以聽取美濃部博士之說明。我記得那是滿洲國皇帝首次來日本的隔天，所以應該是四月七日，滿洲國皇帝之來訪，在當時是國家大事，因有各種活動，故我也很忙，研究聽取博士所說之種種內容，顯而易見，博士並沒有構成不敬罪的犯意，於是大體上司部內定不予起訴，另一方面在內務省，準備將《逐條憲法精義》及其他二、三書，予以查集，以行政處分來解決。

政府對於國體明徵之聲明

為了國體明徵，政友會更創立了所謂貫徹國體明徵實行委員，其代表且來看我，他們是與我同樣曾為田中內閣閣員之山本悅二郎，和同鄉的猪野毛利榮等人。山本要求我發表機關說違反國體之本義的聲明，我說：「我不能言明」，他問：「你承認不承認它違反國體？」「不贊成，但是否違反國體，我不能明言」，「既不贊成為什麼不發表聲明？」

「不聲明實行就行了，……」這樣一問一答，我的心情是「柳樹迎風」。

他們轉而要求免職同情美濃部學說的法制局長官金森德次郎，我說我不同意，他又說一木樞密院議長是機關說的本源，要我有所表示，我說我不認為一木氏的學說不是機關說，他便嚇我說：「今後政府可能會有重大責任」，然後回去。山本大概以為我在敷衍他，而非常生氣，林、大角兩大臣也常對我提意見。

我雖然這樣堅持，但最後覺得還是發表聲比較好，我想不提機關說，只申述政府於國體的想法，但陸軍干涉其內容，林堅決主張要把「機關說違反我國國體云云」等文字加入。及至八月三日，政府發表了聲明。其內容大致如下：統治大權屬於天皇。以統治權不屬於天皇，天皇為行使統治權之機關的說法，完全違反萬邦無比之我國國體之本義，最近發生憲法學說有關國體本義之議論，減輕遺憾，政府將努力於國體明徵……。

天皇機關說問題之結局

我以為政府發表聲明，此事可以告一個段落。但據說，因為該項聲明，美濃部博士認為他的學說，做為學說一點都沒有損傷，到處這樣說，因此陸軍方面又出來表示，那一個聲明不夠完全，主張要明說統治權之主體是天皇，明講天皇機關說違反國體之本義，對於國體之神聖，一定要使國民清楚認識，以確立國體之尊嚴，這還包含人事上的意味，即美濃部博士自不在話下，一木樞密院議長和金森等要下台。

即美濃部博士的話傳到軍方人士耳朵去了，大角海相曾經這樣說過：「對於八月三日的聲明，美濃部博士似乎在說，那個聲明和我的想法相同。因為聲明有不徹底的地方，他不會這樣說……。」因此事情又鬧起來，經過各種曲折，乃於十月十五日又發表一次政府聲明。在這期間，政友會舉行了國體明徵大演講會等等，我想算了吧，不要每天說同樣的事，惟陸軍大臣，因為發生永田軍務局長被暗殺事件，引咎辭職，由川島（義之）接任，但川島和林沒有什麼兩樣，糾纏不休地要求發表聲明。

其聲明文，由陸軍省軍務局起草，拿到內閣要內閣接受，我覺得，政府不可以對於憲法做國定的解釋，如果把近乎機關之學說也聲明為違反國體之本義的話，將影響有這種學問的學者，將來必將留下後遺症，所以只打擊機關說，聲明不使用打擊信奉機關之學者的文字，我等別注意這幾點。這是政府對於打擊論所做的最大讓步。

這樣歷經滄桑，好不容易弄出來的文案如下：

前此政府曾說國體之本義披瀝的信以明國民之所嚮，期其精華之愈發揚。蓋我國統治權主體為天皇，此為我國體之本義，為（日本）帝國國民絕對堅定之信念，為帝國憲法上之上諭及條章之經神亦在茲。

但有鑑援引外國之為倒學說擬我國體，以統治權之主體不在天皇，而為國家，天皇為國家之機關所謂天皇機關說，乃有違神聖之我國體，甚欲其本義，必須嚴肅予以除，需要以政教其他百般事項一切萬邦無比之我國體之本義基本，發揚其真髓。政府基於上述之信念，於茲重新闡明其意，以愈明徵國體觀念，為收其實績，期以全力致效」

起初，陸軍之案，其文章甚至否定國家之法人格，故只明白說統治權之主體在於天皇，不否定國之法人格，弄清楚機關說意味著什麼，努力於限定打擊之對象的學說，這樣才勉強抑住了攻勢。

在內閣設立審議會與調查局

關於美濃部博士之司法處分，陸軍常來督促，如果被此種壓力所左右，司法之獨立將受到威脅，在這一點小原法相相當堅定，最後是，否敬罪部分緩期起訴，美濃部博士自動辭去貴族院議員，金森法利局長官也辭職。關於金森，我也覺得非常可惜，本來可以不辭的，但是沒有辦法，我只有拼命安慰他，回想起來，從二月開始的這個問題，到十月才告一個段落，幾乎枉費了這一年，而以它為契機，觀念右翼的勢力日益壯大。

蓑田胸喜一派的活動，自二·二六事件以後，我辭職之後更加猖獗，一時之間甚至支配了文部的想法，學生之中也成立了所謂日本學生協會，與現今之左翼學生類似的做法，監視教授的上課。教授之中，有的因為不知該如何是好，講授憲法時，從第一條到第四條，關於天皇之地位部分，乾脆把它跳過去，為學問實在太遺憾了。這種觀念右翼之活動的背後是軍方的一部分，也有人說是平沼男爵，及至太平洋戰爭，觀念右翼變成納粹式的右翼。國體明徵以這樣形式告了一段落，此外，予以後之政治大影響的是設立了內閣審議會和調查局。

內閣審議會，係由床次氏和町田等人所提案，成立內閣不久就有此種想法，即做為政府之規劃機關，集舉國一致之人才，即使更換內閣，也能規劃到一貫的國策，但如果只是一個諮詢機關就沒有太大意義，如給予一個事務局，做為調查機關，將提案材料統統集中於此。

而這個事務局就是內閣調查局。我覺得這對於強化往往被批為弱體的內閣有幫助，因此我便贊成成立，審議會會長是我，副會長為高橋氏，委員為……，國防和外交是審議會範圍之外，故沒有人是外交官的委員，現在回想起來，都是一時之選，齋藤實氏、山本達雄、望月奎介真離政友會來參加，已經脫黨的秋田清也是；來自實業界的有各務鎌吉、池田成彬和馬場鍈一；民政黨之川崎卓吉、賴母木桂吉；貴族院的青年信光、黑田長和；官吏出身的水野鍾太郎、伊澤多喜男等等，有如大臣的儲水池，人們稱其為影子內閣，著實，後來補充閣員時多取之這些委員。除內閣之外，還有永久性之規劃政策的機關，調查局方面，也有陸海軍的調查官，陸軍最早來的是後來的畫院總裁的鈴一貞一，不過這個機關如果搞不好，可能會變成指導內閣的機關，果然有這種氣氛，本導的內閣審議會後來廢止，其附屬之調查局成為內閣企劃廳，合併資源局擴大為企劃院，結局成為陸海軍左右政策的中心，這樣看來，這或許也可以算是我的失敗之一。

我正在思考要以誰來出任內閣調查局首任長官時，高橋是清氏說勸業銀行總裁之馬場鍈一如何，因此請馬場氏來官邸。因為正在舉行內閣會議，因為門口有許多新聞記者，秘書官大根覺得給記者知道不好，擬悄悄地把馬場氏帶到日式房間，把我的車子擺在正門門口，記者們以為首相要出門，都在注意外邊，此時馬場從後門進來，我和高橋氏、町田與其見面，一起說服他。馬場說，大藏大臣是我的監督官廳的大臣，拒絕他的請托而幹了勸銀的總裁，讓我想再說，但後來來電話婉拒。高橋氏說，馬場鍈一君就是這樣的一種人，因此由吉田茂（不是後來出任首相的吉田茂）由內閣書記官長轉任調查局長官。

授爵位給本庄、荒木和大角

在我的內閣時，曾逐次發表以前就在討論的九一八事變之論功行賞，記得國體明徵問題快要解決時，陸軍方面建議對荒木貞夫、大角岑生、本庄繁授予男爵，總之有人說荒木想成為男爵，因我不想增加華族人數，所以想把它壓下來。

大家都知道，九一八事變是以陸軍為中心的「工作」，如果要行賞，當然是以陸軍為重，要授爵本庄、荒木沒有話說，但有人以為大角有問題，不能接受，如果給予陸軍男爵，海軍也應該，而提出了大角。

海軍是我的「老家」，在我覺得這一點海軍有一點狡猾，譬如他們嘴巴說陸軍橫暴，但當陸軍將得到某種好處時會說，因為陸軍……，把責任推給陸軍，但卻同時得到好處。

海軍常常這樣做。此時的大角，不能說不是這樣。

川島陸相說：「我想荒木會婉拒，但希望予以討論。」但結果荒木並沒有婉拒，我想把它壓下來，而一再思考，最後和西園去氏商量。他說：「給他男爵就沒有事嗎？那不是很好嗎？兩個三個男爵就能解決問題，那太便宜了。」我也覺得蠻有道理，於是解決了男爵的問題，記得頒發是該年年底。關於國體明徵問題，我也請教過西園寺氏的意見，他笑著云云天皇機關的一部分人士，我到興津去看他時，他勉勵我說，照我的意見去做，那時牧野（伸顯）內大臣因生病辭職，我遂請齋藤（實）氏為其後位。因為是天皇身邊最高（最重要）的人事，故我也非常慎重。關於牧野氏之人品和功勞是沒有話說的。他是名符其實的忠節的人。

加強身邊之警衛

十一月，加藤寬治屆齡退休，被編入後備役，在此之前有人主張給他元帥身分，據說主張的是末次信正、高橋三吉等人，他們的用意是想把他留為現役。

但海軍有個不成文的約定是，以身為大將，實際參加戰爭有過功勞的為元帥，由於這種原因，我不贊成加藤成為元帥，大角也反對。

加藤跟我是同鄉，裁軍問題以前我們的關係還不錯，其身邊有不少人崇拜他，這些人捧他和抬其轎子，而到此種地步，海軍次官谷川清對我憂心說：「但這個問題如果不實現，（他們）會認為岡田在阻礙，說這個傢伙太壞。」

在海軍內部，這是相當麻煩的問題，但終於沒有成為正式的議題。加藤可能是表面上的事，據稱發生問題的時候就在說「我想早一點退役」，我也不認為他值得成為元帥，最後大角去看他並轉告他說：「將按照的希望處理。」所謂按照他的希望，便是把他編入後備役。

這時社會已經很亂。右翼分子對於我的攻擊也愈來愈激烈。十一日，在九州有過陛下統監的大演習，為了陪觀我也要到該地。

此時有人特地來告訴秘書官：「社會變得很不正常，在身邊的人要特別注意。」小栗警視總監也來過同樣的提醒，在激烈分子中有不許岡田越過關門（下關和門司）海峽，因此通過關門是實施了特別嚴加警戒。

警視廳的想法是，山口縣之警察、警衛不是那麼可靠，我由東京出發時，特地從警視廳選派柔道幾段的六名能幹警察穿便服保護我。

前往九州中途，要去參拜熱田神宮和伊勢神宮，在名古屋下車，從月台過橋，準備上台階時有人突然向我了傳單，只是傳單還好，傳單好像寫著要我早日辭職。通過關門海峽時，保衛的警察，大家挽臂把我圍起來，警戒森嚴，有些緊張。

社會動亂不安中的眾議院大選

在這種氣氛下，殺死永田軍務局長之相澤三郎中佐的審判已近，陸軍內部之中充滿奇異的氣氛。現在稍微把話題往前拉，不知由什麼時候開始，陸軍內部有所謂皇道派和統制派的派閥，事事相爭。被視為皇道派的是真崎甚三郎和荒木貞夫氏，真崎是陸軍三長官之一的教育總監，讓年輕軍官等出入他的家，予以捧拉，似乎有干涉林陸相所幹的事。林底下有軍務局長永田鐵山，有人說永田在操縱林，為統制林欲從陸軍內部把真崎趕出去，最後徵得閑院宮參謀總長同意，免了真崎的職。

免職真崎的那一天，有人暗中告訴我，我想真崎這時候一定非常生氣，並擔心其後遺症，因為這不只是真崎的問題，皇道派的一夥，認為這是永田的陰謀，崇拜真崎的相澤要調到台灣的中途，前往陸軍省辭行，把軍務局長宰了。行兇之後，在陸軍省內與其他人聊天，後來二・二六事件時從首相官邸救出來的小板慶憲兵前來，安慰半哄騙，把相澤帶往憲兵隊。

因此相澤被皇道派一伙人視為英雄，審判時大起風波，皇道派之動向趨向險惡，好像要發生什麼不好事情的樣子，但會發生什麼事我不知道，或許會發生政變，我可能也是他們的目標。我有這樣的覺悟。社會氣氛是這樣，於是解散眾議院，舉行大選。這是一九三六年的事。

我以為，對於事事要和政府作對的政友會，除非革新政黨以推動強有力政策，無從打開這樣動亂不安的狀態。應該援助執政黨但沒有錢，往訪興津之西園寺氏時，因他很清楚我的貧窮，便說：「我想你沒有錢，去住友（銀行），我已經跟對方說好了。」我不認識對方，但說已經請話了，乃前往京都松平康正候爵家去取錢，記得是一百萬圓。

當時迫水說，將來的日本有今無產（階級）政黨發達的必要，是否給他們一些援助，我說因以民政黨為執政黨，所以我不能直接去做，如果你去搞，我就裝不知情，於是迫水去訪問麻生久，給他選舉費用，在這次選舉，無產政黨有過很好的表現，政府率先推動乾淨選舉運動，選舉之前，有人說，如果在野黨占大多數，首相要不要下台？下台才算是男子漢，我說：「我組閣的使命不是那麼單純。我岡田啟介，要幹到鞠躬盡瘁。」開票結果執政黨占多數，卻發生二・二六事件，我著實鞠躬盡瘁了。

八、突然發生二・二六事件

雪中早晨之悲劇

那時，首相官邸院子已經有可以從後面懸崖溜出去的間道，這是在五・一五事件犬養首相被殺之後，似乎以為總有用處而造的，從懸崖更前面挖掘，成為台階路，從這裡下去就有用土蓋來的門，以為是門的，其實是隧道，……通過這裡可以出去叫做佛羅里達之舞廳的後面，這是前往山王（地名）方面的近道。據說，社會上在流傳說永田町首相官邸有秘密通道，應該是就此而言的。

妹夫松尾傳藏，此時似乎要把我帶往這條間道。大概是凌晨五點鐘左右，即一九三六年二月二十六日的早晨，官邸內響著緊急鈴，我因此醒過來，松尾立刻進來我臥房。

「終於來了了結。」他說。

我和我同鄉之井上松警員、村上嘉藏右衛門巡佐在一起。

我問：「說是來了，來了誰知多少人？」

「士兵，來了大約三百人。」

我說，來了這麼多人，還有什麼辦法？

「沒有，趕緊避難吧！」

松尾拖著我的手。好嗎？我便從床上起身，想到院子。防雨門關著，只有在我臥室前面有緊急用的小門，松尾打開小門，跑出去院子。

院子那邊有一座人工小山，因下了大雪，一片雪地，天還沒有亮，由於是冰天雪地，故看得很清楚，與松尾跑出去之同時，開始聽到槍聲，仔細一看，士兵已經在院子布了散兵線在緊急出口外邊，他們一定以為我會從這裡避難，清水警員先去等著，因被搶擊而倒下去了，松尾覺得不可能從這裡避難，遂又跑進來。

當時，首相官邸內部處有緊急鈴，一發生狀況，馬上可以按鈴，緊急鈴不僅官邸內部，也通到警視廳（首都即東京警察局），陸軍內部有險惡氣氛，為防止自方剛之年輕軍官襲擊官邸，都有防制政策，從本館到日式房間交界處的鐵快門已關起來，夜間是完全不通的，窗戶也都有鐵格子。護衛的警察是二十名左右，被襲擊時最初十五分鐘由他們來保衛，此時由廳派遣援隊，三十分鐘之後，麻布的聯將出動，熟料這個軍隊來襲，據說警視廳的援隊準時趕到了，但在正門被士兵以機槍擋住，因而回去，他們認為，警察不能和軍隊打仗。

在洗澡間聽到槍聲

想出去已經來不及了。松尾、土井、村上三個人，幾乎抱著我的樣子，經過走廊把我帶到廚房方向去。臥房旁邊有三坪左右中庭，那邊是浴室，再過去就是廚房，廚房有燒開水用的很大銅製鍋爐，它有兩隻手張開合起來那麼大，高大概九尺左右。以這個鍋爐為後盾，我們四個人站在一起一陣子，松尾很用心，到廚房之前，他把走廊的所有電燈都關掉，裡頭什麼也看不見，我們所在的日式房間的玄關做得非常堅固，士兵要把它弄壞花了許多工夫，開好之後，馬上由玄關那邊一個一個開燈，逐漸往這邊走過來，一定在到處找我們。因為裡頭漆黑，所以我們知道他們在往那裡走，換句話說，有電燈的地方就是他們在的地方，因此我們就出去與其相反方向之走廊，繞到他們的後面，把他們開的電燈之一個一個把它關掉。

繞了一圈回到洗澡間時，土井把我推進洗澡間，關掉玻璃窗後，從那邊來了帶著五、六個部下的軍官走過來，……土井對他們似擺了架勢，村上從洗澡間旁邊的廁所端出好大椅子，站在洗澡間外邊走廊，對於走過來者用手槍射擊，但馬上被打死。此時土井的手槍子彈大概打完了，和似為隊長者扭打起來，我在洗澡間聽到這樣的聲音。土井柔道四段，劍道二段，是很強的人，把那軍官壓倒了，但對方有幾個部下，土井被其部下用刺刀刺了背倒下。

旋即聽不到什麼聲音了。刺殺土井的士兵也不知道到哪裡去了，倒下去的土井，好像沒有死，還聽得見他的小小哼哼聲音，我所在的洗澡間，……因為太大，所以我平常都是使用另一個小的浴間，大洗澡間擺著酒等等，這裡擺了好多空的大酒瓶，我身邊也很多空酒瓶，因此稍稍動身就會有嘩啦嘩啦的聲音，此時，土井以呻吟聲音勉勉強強說：「還不能出來。」

我記得他好像這樣說了兩三次，在不知不覺之中，終於聽不到他的哼哼聲音了。他是新婚，卻這樣就告別了其人生。

妹夫松尾之死

至此，住在官邸內之警衛警察都犧牲了。起初在日式房間玄關外邊欲阻止襲擊隊的小館警員，據說當場被擊斃，其他的警察大多逃走，或沒有抵抗，因此沒有事。

不知道松尾如何？從我所在的洗澡間隔著洗手間有中庭，再過去就是我的臥房，透過玻璃我從洗澡間可以看到我的臥房。我聽到有人說：「院子有人。」一個士官帶了五、六個部下出現於臥房與中庭之間的走廊，一看中庭，有一個人影貼在松窗站著，我馬上知道他是松尾。

「開槍。」

士官叫喊著。士兵拿的是機關槍，但奇妙的是沒人開槍，都默默地站在那裡。

因士兵不開槍，所以士官很生氣的樣子。

「你們現在在日本，但不久要去滿洲，去滿洲之後，是一天到晚要打仗的，是每天要殺人的，這時不能殺一兩個人以後怎麼辦？」

而在那裡頓足捶胸、厲聲督勵，但還是不開槍，可是對方是長官，士兵一直躊躇，終於從走廊窗戶向中庭開了槍，松尾因而身死，後來檢查松尾屍體，發現十五、六顆子彈打在身上，下巴和胸脯還有被刺刀挖過的痕跡，殘忍極了。殺死松尾的一隊，好像從日式房間緊急出口出去外邊，往前面的本館方向而去，現在回想起來，打村上和土井的一隊，找我以後從緊急出口不知往何處去了，可能新來的一隊，急見松尾，把他槍殺。

我周圍看不到士兵的影子，但可以感覺到：他們在搜查官邸各處。不久不知道從哪裡來的一隊，從走廊窗戶發現倒在中庭的松尾屍體，「這裡有屍體！」說著下去院子的幾個人說：「是個老頭子，是不是總理大臣？」

他們把松尾的屍體抬起來，把他帶到我剛才還在睡的臥房，把他擺在我的棉被上。那個臥房是十張塌塌米大，隔壁是十五張塌塌米大的客廳，在那欄間掛有裝在鏡框裡頭的我穿夏天西裝的照片。

他們以刺刀把它刺下來，比照屍體的臉和照片的臉，似在判斷屍體是不是我。

在這個事件，有那麼多人被軍隊襲擊，而我一個人連傷也沒有受過，實在有各種各樣的不可思議，其中一個不可思議此時發生了，當然這是後來才知道的事，士兵把我的照片從欄間刺掉下來時，是不是因為沒有把刺刀拿好，還是用劍大肆刺了我臉的眉門，照片上的玻璃有裂痕，這個裂痕，從眉間的中央往四面擴大。

士兵把鏡框撿起來，看看松尾的臉，再比照相片，但玻璃裂的那麼厲害，自然看不清楚相片，而且他們的心情已經是在於常態，因此認為松尾之屍體是我。

「對，對，沒有錯。」

他們這樣邊講邊出去臥房，可能到本館去向本隊報告。

那個時候的情形，從官邸後門旁的秘書官官舍，也能夠一目瞭然，秘書官是迫水久常，迫水聽到槍聲得知所預期的事體，遂起床打電話給警視廳，據說當時被稱為新選組之特別警備隊的一個隊已經出發，正在換衣服很意外地看到許多士兵前來，在後門向官邸對著槍口，安裝著機關槍，他想趕快從官邸出去，周圍都是阿兵哥，不准其出門一步。不得已到二樓的官邸，在玄關的方向，據稱在大叫「終於幹了」、「給他太多麻煩了」等等。

眼前之士兵走了

周遭又靜起來了，我被松尾等穿著睡衣從床上拉出來，被推進洗澡間，所以冷的不得了。我不喜歡穿厚睡衣睡覺，因此穿的是薄薄的睡衣。

我不喜歡這個樣子被發現，想趁這個機會把衣服穿起來，遂由洗澡間出來，回去臥房，士兵穿鞋子進去臥房，搞得一塌糊塗，松尾屍體擺在我床上，我的在鏡框的照片丟在旁邊。

松尾是我妹妹的丈夫，為人非常親切，他的親切，有一點自我為是，我想安靜時，他還是在身邊摸東摸西、幫我。和出任首相時，他以這是內兄一世一代的大事，一定要出來效勞，而自告奮勇想做首相的秘書，他是陸軍大佐，當時六十一歲，因他一定要在我身邊，故給他「內閣囑託」的派令，我記得沒有待遇，但還是高高興興地住在官邸。

在二・二六事件近的大選，秘書官的福田耕從福井縣出來參選，松尾曾去為福田助選，據傳松尾這樣說：「你說我像不像岡田大將？最近連我的鬍子都割的跟他很像。」但從每天生活在一起的我看來，一點也不像，完全另外一個人，如果一定要說像，那兩個人老頭兒，我的頭髮是五分頭，松尾相當禿頭，後頸部分才剃五分，把松尾當做是我是因為叛亂軍做夢也沒想到官邸還有一個人所致。

松尾從福田助選回來是二月二十五日，不到二十四小時他便離開人間。這是閒話，松尾有一個叫做新一的兒子，是麻布三聯隊的中隊長，因事件前一年十二月的調動，被調到華北駐屯軍山海關大隊副官，新一部下的中隊曾參加判亂，後來據傳新一說：「那時父親如果堂堂正正表示我是岡田啟介，做其替身，那就完美了。」

我想，新一的心情是，因父之多此一舉，讓我重要時刻錯了進退，但我覺得，我很感謝松尾的所作所為。

現在言歸正傳，我對於松尾遺體行禮之後，在其旁邊脫掉睡衣穿上夾衣，臥房的電燈是關的，我穿上和服外套，準備結帶時，從玄關又響來腳步聲，於是我出去走廊，站在洗澡間壁邊。

後來據說，想進去我臥室的是坪井一等兵，據說他是本所（地名）一帶的唱浪花節的，他說：「剛才有一個很奇怪的人」，「是鄉下人，老頭子」，「但不應該有人才對呀，真奇怪」，「好可怕，回去吧」而匆匆走了，因為莫明其妙之阿兵哥的行動，如果他們認真看周邊的話，一定會找到我，而這也是另外一個奇怪。

躲在下女房間壁櫥

根據後來有關當天事件之來龍去脈的軍法會議調查，被查問的坪井敬治一等兵這樣表示，他說他檢查松尾之遺體時，覺得好像不是首相。他對隊長栗原中尉報告說：「好像不是。」栗原在本館的首相辦公室和其他軍官在舉行會議，故對他說：「現在很忙，不要囉嗦。」完全不理他，栗原可能認為，正在確認打死首相這一件事，如果走樣就麻煩，以及沒有心情慢慢聽別人的話。

被栗原拒絕的坪井不死心，坪井又帶兩三個兵再到我的臥房去檢查松尾之屍體。他說：「走近臥房時，在黑暗中我看到一個老人，我喊是誰，那個老人不聲不響地消失於天棚，我以為是首相的幽靈，突然覺得好可怕，遂跑回來。」我的話，和這個一等兵的敘述完全符合，據說因此檢察官覺得很有意思。

坪井等人回去本館以後，我沒有回去臥房，不由地繞著走廊往女傭人房間方向走去，偶然碰到兩個女傭人。

她們是秋本沙克（沙克是片假名日音譯）和府川基斯（基斯是片假名日音譯），騷動時，她們似乎一直在房間裡頭。她們一看到我便說：「沒事實在太好了，請進來。」而把我拖進女傭人房間，此時據說騷動已告一個段落，因此他們便出來找我。進去女傭人房間後，我想應該怎麼辦，而站在房間中央思考，我思考結果覺得愈簡單愈好，而且房間沒有火爐，很冷，所以決定睡覺。

女傭人房間有一壁櫥，從壁櫥上面可以到天棚，她們要我上去，我好奇遂上去看看，好像幾年都沒有人上去過，髒得要命，下來以後再思考，因這裡靠近後門，要瞭解外邊非常方便，故決定留在這裡。這裡只有一個壁櫥，上面可以當做床來睡，但不大合適；下面只擺一些要的衣服，所以我遂令女傭人把它清理清理。

底下是混泥土，其上面鋪著木板，女傭人在木板上面鋪了三張左右的棉被，讓我能在那上面睡覺，我躺下去以後，因把要洗的衣服堆在周圍，所以即使開了壁櫥也看不到我。

至於女傭人們，似以壁櫥的花紙為背後，擺成一排端正地坐著。

沙克這個傭人，是非常伶俐的女性，把我塞進壁櫥以後，據說她馬上到松尾的臥房，把他的床整理好，她大概覺得床位的數目和人的數目不合就發生麻煩吧。

爾後為什麼事，我從壁櫥出去過，我就不記得了，那是竹找直立在房間中央時候的事情。

走廊突然好像有人要走過來的樣子，我感覺有人來了，束手無策，我乾脆就站在那裡，花門開了，站在走廊的是官邸之守衛永島，永島看到我，臉色蒼白，馬上把花門關掉，永島後面站著阿兵哥，往這裡看著，給阿兵哥看到了，但沒有發生任何事。

我又進去壁櫥睡覺，我和兩個女傭人實孤立於叛亂軍之中，想小便時就叫他們拿來小瓶子，這樣辦事。

我覺得，我不能出去說「我是岡田」，如果這樣，對此也必須有所準備，萬一我被士兵發現，女傭人可以說自己父親從鄉下出來，住在官邸時發生了這樣的騷動，她們好像也準備這樣說。

不記得是什麼時候，又有人進來女傭人房間，並與女傭人進行問答，旋即有人突然打開了花門，稍稍瞄了一下，這個人穿著軍服，看了我一眼之後，又把門關掉並出去，我記得那時我坐在褥墊上。

我覺得他們要來了，但周遭非常肅靜，沒有任何動靜。

士兵是自己人

據說這個阿兵哥是篠田惣壽憲兵上等兵。篠田和青柳利之憲兵軍曹（中士），似在附近之陸相官邸，叛亂軍衝進首相官邸，與槍響的同時，馬上跑出來與叛亂軍一起進去首相官邸，騷動暫時告一個段落之後，被士兵發現，而說：「怎麼搞的？憲兵也在這裡晃來晃去。」因而發生糾紛，乃被栗原中尉怒罵「滾蛋」，憲兵回答說：「官邸也有女性，也有各種各樣的貴重物品，因為騷動餘波，萬一發生意外事，將損害軍隊之榮譽，我們是為保護而來的。」

於是栗原說：「若是，可以在這裡，但不許做任何聯絡，也不准打電話。」青柳為處理犧牲的四名警察屍體，以及要把受傷的警員送去醫院，離開官邸，只有篠田留下來。

篠田關心女傭人，便去看看，他探了房間，看見沙克和基斯兩個人端正地坐在花門前面，他說：「妳們在這裡也沒有什麼事，而且很危險，離去如何？」女傭人表示：「長官的遺體在這裡一天，我們不能回去。」因為太堅持，他反而起了疑心，而且兩個女傭人都貼身在花門，這更使他懷疑裡頭藏了什麼東西，因此命令：「妳稍微離開」，並抓了一個人胳膊，她不肯動，女傭人身體動的剎那，推一下花門開了，因此在裡頭端坐著的我和他互相看到了臉。

憲兵覺得很奇怪，變了臉色，乃對女傭人說：「我知道了，妳們不要動。」並走了。

爾後，大約半個小時會有士兵來巡視一次，軍官大概不好意思進去只有兩個女傭人的房間，故在門口問：「有沒有特別狀況？」士兵兩個左右進去問女傭人：「沒有特別狀況吧？」回答「沒有」，阿兵哥便把壁櫥的花門稍微開開，掏出一兩件要洗的衣服，看看裡邊，然後把花門關起來，向軍官報告說：「沒有特別狀況。」

我仔細一想，阿兵哥應該是站在我這邊的朋友，他的確看到了我的臉，知道我在壁櫥裡頭，但對我並不會怎麼樣，真是不可思議。知道我是首相，而不告發，還是以為首相已經死了，看到很奇怪的老頭子也毫不關心。

關於這件事我一直搞不清楚，迨至最近，土肥竹次郎告訴我他的兒子在中日事變中，為中尉派在戰地，偶然讀到二・二六事件時，據稱他的一個士兵說：「我知道首相活著，我覺得時至今日實在沒有殺他的必要，因此沒有向長官報告。」所以我才瞭解當時之士兵的態度和心情。

我在壁櫥裡頭，就將來的事反覆思考。被襲擊的，可能不只我一個人，暗殺看來是有預謀的，可能是像五・一五事件那樣若干軍官採取行動，但沒有想到會出動到軍隊。

皇宮不知道情況如何？諸重臣是不是安全？對於這樣的暴舉，我有予以鎮壓和善後的責任，這或許會成為抑制軍之干預政治的最好機會。我不能死。

秘書官無恙

在這樣情況之下，外邊好像在研究如何要把我救出去，現在把話稍微往早上推，……秘書官的迫水，曾經努力於進入官邸。

迫水在官舍二樓看著叛亂軍在高興喊著「把他打死了」，不久該隊就從後門排隊出去了，在列隊中，永島穿著浴衣有如俘虜被他們帶走，迫水遂心中著急如焚，給首相官邸打電話，但沒有人理他。

他轉而打電話給麴町憲兵分隊，似拜託「請能使我進去官邸看看情形。」森隊長說：「有兩個憲兵在首相官邸內，請與其聯絡。」迫水從二樓看著官邸時，從後門出來了一個憲兵，迫水遂從官舍跑出來喊了那個憲兵，請他幫忙能令他看看我的「遺體」，他自己以電話和叛亂軍交涉，最後栗原說要看「遺體」沒關係，但附上條件：只准許兩個秘書官進去官邸。迫水於是趕緊聯絡福田秘書官，他們兩個人一同進入官邸，那是上午八點鐘左右的事情。

迎接他們兩個人，把他倆帶往日式房間的是那個坪井一等兵，房間器具散亂，鋪著花磚的洗手間，因為暫時收容負傷之叛亂軍士兵，所以有許多血，迫水和福田在後面跟著林少尉和田、五名士兵，想進去有松尾之遺體的臥室時，憲兵提醒說：「不要因為遺體而驚慌。」

我想這個憲兵可能不知道屍體是松尾，為什麼他要說看到屍體不要驚慌不得而知，迫水和福田聽完後，遂有看到悽慘的死亡場景也不會嚇壞的覺悟。

迫水進去臥室之後，無意中把花門關掉，林少尉和士兵則留在客廳，這從結果上來說非常好。據說棉被蓋到屍體連臉都看不太清楚那麼深，腳向著門口，兩個人坐在枕頭旁邊，他們悄悄地拉開棉被，這不是首相；兩個人你看我，我看你，幸好當時花門是關著，叛亂軍沒有看到他們兩個人的不尋常表情。屍體既然是松尾，那麼我到那裡了呢？他倆認為我應該還在官邸，迫水和福田小聲地說：「我們把它當做首相的遺體」，現在說起來成為笑話，他們當時便以手帕掩著鼻子，裝非常傷心的樣子從臥房出來，栗原在門口問：「是首相的屍體沒有錯吧。」福田回答說「沒有錯」，並問還有兩個女傭人，栗原說：「在那邊的房間發抖，把她們帶走吧！」於是把他們兩個人帶去女傭人房間。

來到沙克兩人的房間，看到兩個人都坐在壁櫥前面，迫水問沙克「有沒有受傷？」沙克用敬語回答說：「沒有受傷。」

迫水立刻領會這句話是在暗示我的平安。是嗎？平安。從女傭人的樣子來判斷，首相應該在壁櫥裡頭，因軍官在旁邊，不能隨便再問，於是迫水遂對林少尉大聲說「請告訴我首相最後的情況」而出去了房間。

迫水和叛亂軍人一道從女傭人房間出去以後，福田留下來，小聲問沙克：「是不是在裡頭？」她很清楚地點頭，我家人便知道我還活著，不過我自己完全不知道這一切，這是日後迫水和福田告訴我的，那個時候我可能睡著了。

遲遲不進的拯救工作

下午三點鐘左右，福田又前來官邸，首次和我會面，商量如何脫身。據說士兵很同情在那裡耐著寒冷的女傭人，想著她們沒東西吃的問題，但飯菜係由福田來解決，福田準備了三層的便當盒，裡面裝了三人份吃的東西，聽說給我的是三明治，但我都不記得了。

另一方面，迫水和福田從官邸出去之後，遂從福田的官舍帶了香、香爐和很難得的水仙花，回來官邸，以祈禱松尾知冥福。

此外，因為沒有透過官營管道救我，只能到處打電話探聽，但又怕給叛亂軍聽到，所以也不能講得太明白，而從各種情報中得知齋藤實氏也被襲擊，高橋是清氏身亡，而且勅使已經去了齋藤高橋兩府。勅使原本要去位於角筈的我家，當時岡田氏住家在角筈，還是官邸成為問題。

因迫水知道我平安，故很想告訴宮內省暫緩派遣勅使，否則會發生嚴重問題，惟永田町一帶被叛亂軍占據，過不去，如要強行通過，可能會被開槍，因此穿上大禮服，準備為了能去宮內省，而到首相官邸和栗原交涉。他對栗原說為辦理喪事，他需要去角筈之首相的家，請讓他能通過警戒線，栗原起初不大願意，最後同意了，並說：「若是，請轉告遺族，首相做為武人終了他了不起的一生，我們並沒有私恨，只是為了國家不得不做出這樣的行動。」並派一個兵跟隨迫水。

迫水由這個兵護衛順利地通過叛亂軍的警戒線，在溜池搭計程車，前往平和町的宮內省。宮內大臣是湯淺（倉平），那時宮內省的對面的府邸……拜謁之房間的外邊有內大臣辦公室，其對面為等候室，其旁邊是宮內大臣的辦公分處，聽說宮內大臣在那裡，迫水遂去那個地方求見他，湯淺立刻出來說「辛苦了。」迫水說：「其實，首相是健在的。」平常都非常悠哉悠哉的他，突然站起來一大叫一聲「真的嗎？」並馬上上奏陛下，隨後回覆：「我上奏陛下岡田平安，陛下說那太好了；要趕快把岡田帶到安全的地方，你看我們應該怎麼樣把岡田帶到安全的地方？」

迫水想，叛亂軍占據著官邸，要讓我逃脫極為困難，所以是否請近衛師團長之橋本虎之助，以近衛部隊警戒官邸之日式房間，在這期間令叛亂撤回去，以這樣方式讓我脫困。

迫水把這想法告訴湯淺，湯淺很謹慎地說：「如果拜託近衛師團長，師團長可能請上面來指揮，這樣的話……」指著在那邊的房間，「集合在東溜間之軍事參議官，那些將領連站在哪一邊還很難知道，這樣做很危險，恐怕需要再三考慮。」

當時的情況是這樣的微妙和複雜。這些人們實際上究竟支持叛亂軍還是站在我們這一邊，無從知悉，迫水也覺得不能粗心大意，遂告別湯淺，去了東溜那邊。

那時可能是上午十一十左右，得悉異變，諸大臣陸續趕來，一木樞密院議長好像很早就來了，川崎卓吉首先進宮，兒玉秀雄、町田忠治等人都到了，當大角海相到達時，迫水想借用他的力量。迫水對大角說：「我想去取回首相之『遺體』，需要叛軍暫時離開現場，其方法是請海軍陸戰隊進去官邸，因要運出海軍之前輩的『遺體』，這樣應該說得通。」但大角卻說：「怎麼可以？因此發生了陸海軍的戰爭要怎麼辦？」

對此迫水下決心說：「閣下，現在我要奉告很重要的事，對於這件事閣下如果不同意，請把我所說的話全部忘記，當做完全沒有這回事，因為這件事萬一洩漏出去，將不得了。」他說「好。」於是迫水說：「說實在話，首相是活著，現在在官邸某處，欲要趕緊把他從官邸救出來，才要拜託出動陸戰隊。」迫水將事實告訴他，大角以很為難的表情說：「我當做我沒有聽過你這番話。」而走開。

後藤出任代理首相

至此，迫水只有放棄以兵力營救我的想法，再三思考之後，他認為只剩一個方法，就是讓許多吊唁客進入官邸，混進這些人群把我帶出去。

迫水於是開始準備，並對陸相秘書官有末和小松調戲說：「陸軍的傢伙不懂得仁義，連我們這些祕書官都不准進去官邸，不給我們首相的『遺體』。」對此他們都覺得不可思議道：「怎麼會這樣？」杉山元參謀次長對此說：「但為國家犧牲的，已經沒有辦法。」因而迫水遂對他說：「這些人，不久會找上閣下的。」他笑著說：「我也沒有做什麼壞事，因此不會到我這裡來。」迫水問他：「被殺的做了壞事嗎？」杉山趕快說：「我說的不是這個意思」，其表情極為尷尬。

據說後藤文夫進宮是下午三點左右，因為他是首席大臣，故以他中心在內閣等舉行內閣會議。因為首相的我被認為死了，所以必須有人執行首相職務，要以何種形式來執行？如果真的是死了，照例會有「臨時兼任總理大臣」的派令，原敬被殺死時，以及加藤友三郎去世時似乎都是這樣，但事實上我並沒有死，如果發出這樣的派令，我出現了就會發生麻煩，迫水也困擾著，因此與橫溝內閣總務省長聯絡，拜託他能發出首相活著也不會奇怪的派令，橫溝認為沒有理由這樣做，遂指示辦事之稻田書記官（秘書）製作「任命臨時代理內閣總理大臣」派令案，當然臨時代理首相是後藤文夫。

在這期間，迫水一直掛念在壁櫥裡的我，故時常到別的房間去偷偷打電話到福田的官舍，有時候也去陸軍常聚首的地方去看看，山下奉文、石原莞爾在那裡，據說阿部信行、濱崎甚三郎大將是想去說服叛亂軍，而川島陸相在那裡不知道該如何是好，在其旁邊山下大聲喊說：「大臣不夠有決斷力」，……表現正如湯淺說：「站在哪一邊，無法知道。」

荒木被罵

迫水於黃昏時離開宮內省，在東京車站附近搭計程車想回去官邸，這一次因為是一個人，在叛亂軍的步哨線被阻攔，不准他進去占據地帶，因此又回到宮內省，與各大臣一起過岸，二十六日的晚上，那一天晚上我也在壁櫥裡過夜。

據稱，我睡覺時鼾聲特別大，因此從壁櫥裡傳來好大「格」、「格」的鼾聲，女傭人們非常困擾，為了不讓士兵覺得奇怪，沙克和基努兩個人故做大鼾聲，以消去我的鼾聲。女性之打鼾，成為一場笑話，好可憐，她們都未能睡好覺，我很感激她們這樣的用心。

及至二十七日，我終於被安排離開官邸，而且是因為有憲兵的協助才能夠順利。前一天早上窺探我所在的壁櫥後緊張出去的篠田，據說跑去麴町的憲兵大隊，他對小坂慶助曹長（上士）報告有一個老頭子躲在女傭人房間，他無法判斷這個人是誰，但叫他不能說出去，便帶小倉伍長（下士）前往官邸，與以前就在這裡的青柳軍曹（中士），準備去確認這個老頭子是誰。

為了避免給叛亂軍知道，他們花了很多時間，迨至下午兩點，他們終於確認那個老頭子就是我。小坂立刻報告了分隊長，當時憲兵隊中也有站在叛亂軍一方的，因此森似乎也困擾了一陣子，如果欲採取某種措施，立場上必須請示指揮，但如果不小心向上面報告時，消息傳到叛亂軍那裡去就不好了；而如果置之不理，萬一我被叛亂軍發現後被殺的話，憲兵隊將變成叛亂軍之一夥，所以他很為難。

據說當時，叛亂軍的軍官也堂堂正正地出入於憲兵司令部，就其行動發表他們的意見；在東京警備司令部，也有陸軍之大老的諸大將出入於此，對於其善後也有所表示，說軍與軍不能打起來，要和平地收拾，各說各話後才回去。

荒木貞夫大將前來時，碰巧遇在那裡的石原莞爾……當時為大佑（上校）左右，為警備司令部的成員。石原看到荒木便說：

「笨蛋！因為有像你這樣笨的大將才會發生這種事。」由於話說得非常重，因此荒木大發雷霆：「怎麼可以這樣無禮！對長官說笨蛋，軍規上是不允許的！」

石原回話說：「發生叛亂，還有什麼軍規可言？」在場的安井警備司令部參謀長（後來出任過鈴木戰敗內閣之國務大臣的安井藤治）出面說算了吧，打個圓場。

裝成弔唁客脫身

總而言之，憲兵分隊森分隊長以「救助人命為憲兵之任務」，乃暗中指示小坂上士從事營救工作。因此小坂開始行動，二十七日早上，小坂和福田秘書官見面時說：「我要跟你站在一起」，起初福田搞不懂對方在說什麼，沒有說出我活著的事實，彼此互相試探心中所想內容，好像在做禪問答，後來知道雙方都明白真相，才決定要互相合作。

在另一方面，對於今吊唁者進入官邸，是迫水和福田去策動，陸軍之千葉少佐（少校）去和栗原交涉，說少校人可以進去官邸。不過在此之前，海軍軍官之中有人突破警戒線，來弔唁過，那就是山田法務局長，何時進去官邸不得而知，據稱看了松尾之遺體說：「那不是首相。」

在宮內省的迫水、在官舍的福田，各以電話聯絡，在角筈之我家的親戚加賀山學（國鐵總裁之胞兄）還不知道真相，遵照迫水等之吩咐，安排一切，栗原以電話通知弔唁客可以到官邸的同時，找了年齡比較大的老人，約十個人左右，以汽車送到官邸。找眾多的老人來，是為方便於我混在一起，那是十一點多鐘的事。

福田隨後也進入了官邸，我的次子員寬強求要進來而跟著來了。福田很謹慎，這個計畫如有一點差錯將不得，已經成功到這個地步，不能有意外，因此都沒有准許進去官邸的弔唁客去松尾之遺體的臥室，而讓他們在會客室等，不僅沒有讓他們看屍體，而且都跟他們說好：「不管發生任何事，絕對不要驚訝，也不能講話。」

在這之前，小坂令女傭人從臥房西裝衣櫃拿出來我的大禮服，偷偷送到我所在的地方。脫掉衣服，要換穿大禮服時一看到禮服上面有好幾個子彈的洞，後來聽說，西裝衣櫃也有子彈貫穿過去痕跡。大禮服還可以穿，拿來的卻不是我的鞋子，是松尾的鞋子，松尾的腳比我的大多了；然後戴上眼鏡，和好大的口罩。

到我要逃脫時人人都興奮起來，準備好並在等待的時候弔唁客來了。青柳中士令他們在會客室等候，我預計的脫離口是後門，小倉下士去叛軍步哨處和叛軍隨便聊天，讓他注意其他事，看情況和時間差不多了，小坂做出把抱我起來的樣子，福田跟著旁邊，往日式房間趕快走去。

他們走進大門口的同時，小坂大聲地說：「不是告訴過你了嗎？絕對不要看屍體，你看了死屍的面容才這樣不舒適」，小坂這樣罵我。他把我裝成因看屍體慘狀，而致使不舒服貼在他身上的老人，真是妙極了，最幸運的是日式房間的出口很小，燈台照遠不照近，太近的人，其臉是看不清楚的，而且太靠近時視野會變狹小，在那麼狹小地方兩邊站著兩個叛亂軍步哨前面，小坂故意大聲邊罵邊很快走過去，從頭到尾，太順利了。

叛軍的關卡，就只有這一個地方，一出去大門口，福田便叫「汽車！」眼前停下來的是佐佐木久二的車子，他是福井出生，是尾崎行雄的女婿，即使都沒有確認到底是誰的車子，福田趕緊把我推進去，並命令司機「立刻開走！」開走以後才知道車子的主人是誰，後來從官邸要回去的人才發現沒有車子。我坐的車子離開官邸的同時，迫水正從宮內省回來不知道是怎麼一回事，竟已處理了一切，而來弔唁者都沒有看到遺體，一定覺得莫名其妙。

車子從鉉山監督局處出去溜池的靈車道，在這期間只有一個步哨，但沒有被查問就開過去了。福田拼命命令司機「往右去，向左開。」結果到達麻布三聯隊前面，無需說這一定是叛軍的聯隊，福田遂其往乃木坂開去，走向高橋是清氏家前面。

在車中聽聽叛亂之狀況，得知高橋是身亡時，我實在感慨萬千，我這樣平安逃脫出來，通過亡於非命的人家前面，想到遺體在這裡時，覺得哀傷，心情極為複雜，我只有低著頭，莫言而過，我對於為我而盡力之高橋氏非常過意不過。

一心一意只想進宮

車子開到明治神宮外苑前，福田才確認沒有問題了，既然這樣我想應該立刻進宮，現在我該走的只有這一條路。我問福田現在要到哪裡去，他說要去安全的地方，我說不行，必須馬上進宮，車子要改變方向，福田大概以為好不容易這樣逃脫出來，安全第一。因此說現在不能進宮。國務大臣的兒玉壽雄氏、司法大臣的小原近氏，都沒有一次就能進到宮內省的，小原氏被叛軍攔住，連想去至神田錦町署的警視廳都去不了，如果我想進宮，被叛軍攔住，將會怎麼樣，不難想像，因此福田不同意改變方向。我感謝他為我設想，但對於不能進宮覺得非常遺憾。

福田又說：「要進宮，必須洗乾淨身體。」正在想或許應該這樣時，車子到達了我萬萬沒想到的地方，那是位於本蓬萊廳二三番地之東本願寺派的真淨寺。

住持是寺田慧眼，福田大原畢業後有家眷時曾租住寺院房子，以後也時常保持聯繫，因此不但很尊敬慧眼師，可能也認為是可靠的人物，便把事情之來龍去脈告訴他，而到這裡來。

從進內到住持居室大約有一百公尺，是一座相當大的寺院，其門除法主來之外，都用椿子欄起來，不能進去。可能福田事先已經說好，椿子早已拿走，另外寺院可能以為我在官邸被關一天一夜，沒有吃像樣的東西，因而準備了熱稀飯，還有酒，實在太好了，這樣覺得心安理得是下午一點鐘左右的時候。

在那寺院滯到黃昏，福田認為把車子一直擺在這裡，會引起人家懷疑，於是我又由福田帶去坐車子，前往車子之主人位於淀橋區落合的佐佐木氏家，在官邸不知道車去向在生氣的佐佐木，看到車子和以為死了的我嚇了一跳，並同意我進宮之前暫時住這裡。

福田等我落腳之後，打電話給在宮內省的閣員，當時正在舉行內閣會議，出來接電話的是鐵路大臣內田信也。福田告訴他，我平安，剛剛從官邸脫困成功，準備進宮，他說在內閣會議席上，有人主張進宮應該稍微過一陣子，但我覺得不能改變。

岩佐憲兵司令官擔任護衛

另一方面，迫水在我脫困官邸之後，一個人留下來在松尾遺體旁邊，因覺得很不安，遂趁我軍事參議官時代之副官平出英夫來上香時，說明事情之經緯，請他和迫水做伴。買進棺材，將松尾遺體運到角筈的我家時已是黃昏時刻，入殮時不能給看到遺體，故除平出之外只有大久保秘書官、鈴木武等身邊人，叛軍從大門口排隊至國會大廈附近，歡送了

「我的遺體」。處理完遺體之後，迫水為了商量進宮事，晚上又前往宮內省，此時他詳細得知閣員之間意見對立的情形。有人說，叛軍在追首相，首相如進皇宮，叛軍之槍口將跟著而去，這是不得了的事情；首相有引起這樣大事件的責任，應該隱退，專心對陛下表示歉意；也有人認為，事情只要提出辭呈而已，持不必進宮之意見。後者的主要是後藤文夫，但內田信也、小原直、川崎卓吉、町田忠治等不同意見，認為首相既然健在，應該立刻進宮。

迫水以電話說明這樣的情況，認為今天要進宮有困難，明天再說，不得已我忍著無法忍受的心情，決定等一個晚上。

二月二十八日，迫水又前往宮內省和閣員見面，後藤的意見和昨天一樣，迫水用電話告訴我。吉田調查局長官前來佐佐木邸對我說：「進宮請作罷，辭呈由我來處理。」我雖然非情願，但還是寫了辭呈交給吉田，然後馬上打電話給迫水表示，在今天黃昏之前如果不能進宮，我將做重大的決心。

各人有各人意見，但我認為我應該進宮去向天皇表示歉意，如果連這個都做不到，我之脫困就毫無意義，這實在我無法忍受。

迫水接聽我的電話之後，又去和町田見面，並對他說，首相表示無論如何要進宮，所以他問說把首相請來好不好，町田點頭。迫水隨即聯絡說「請來」，於是我不顧有閣員的反對，決心進宮。在準備時，迫水替我安排了警衛的問題，他去警視廳（搬至神田錦町署），請小栗總監幫忙，警視廳方面說，現在沒有百分之百的把握負責護衛，於是決定請憲兵隊幫忙，由福田聯絡。

當時的憲兵司令官是岩佐祿郎中將，他因為中風，半身不遂，便在病床說「對不起」哭泣，他曾起身到半藏門去說服叛軍，但被叛軍攔截，據說他曾怒責叛軍「這怎麼能算是天皇的軍隊」。福田以電話拜託護衛，……當天他雖然也在病床上，以「願以一死擔任護衛」，自告奮勇要親自護衛，岩佐遂令出動憲兵車子，自己坐在助手位子，前來佐佐木家接我。後來他表揚了小坂、青柳、小倉等救出我的三個部下，因考慮到陸軍內部的氣氛，沒有公開其表揚。那時回去宮內省的迫水，去廣幡侍從次長處通告「首相現在要進宮」，他表示「好」，但隨即本庄侍從官長到迫水這裡來問：「首相健在，據說要進宮，這是真的嗎？」迫水回答說：「沒有錯。」本庄遂離去，不久廣幡氏對迫水說：「侍從官長的意見是希望首相不要進宮。」迫水認為此事和我聯絡已經來不及，說：「車子不久就會到。」廣幡說：「那好吧。」而微笑著。這應該是廣幡氏的內心表情。

我坐的車子到達宮內省是下午四點半左右，迫水在這裡接我，白根書記官長拉我的手開始哭，我感謝岩佐司令官諸位，率領迫水等人前往閣員在的地方，與大家會面，然後請示陛下之時間和進宮。

時間已經日落了，皇宮走廊很暗，通過千種監和豐明殿前面走廊，走向御學問所方向。走廊處處有兩三個舍人（近侍者）站著，看著遂漸走近過來的我，突然害怕想跑，畢竟已經死了的我穿著大禮服從黑暗地方出現，一定是幽靈，也許有人會用雙手遮臉蹲下來。

我想到發生這一次的不詳事件，沒有什麼話可說，立正站在那裡，忍不住流下眼淚，陛下關心我，對於活著求見的我，陛下非常高興的樣子，沒有罵我使我惶恐至極，這時間大約三分鐘，我畢恭畢敬地退下。後來廣幡招來迫水吩咐說：「陛下表示，岡田好像非常惶恐和興奮，身邊者要特別留意，不能讓他有意外的行為……要特別注意……。」

退出御前，進去閣員聚會的房間，我感覺有很不同的氣氛，有的人的表情覺得我平安很欣慰，反之當時有一部分氣氛則是，有的人的表情是你為什麼還活著。

我默默坐在那裡，沒有說話，不管別人怎麼想，這是他們的自由，我只按照自己的想法做去就是了。話又說回來，後藤出任臨時的代理首相之後就收齊各閣員之辭呈，呈遞上去，既然這樣，我就必須儘早令後繼內閣處理文件之後事，因此再次求見天皇。

此時陛下說：「迨至新命令之前繼續任斯職。」我領著此旨回到內閣會議席，告訴此旨，對此又議論了起來。因為已經有後藤之臨時代理首相，同時也有我在，所謂「繼續其我」究竟是對是對誰說的？我是首相，我拜受的意見，當然是指我，但也有不同的意見，議論紛紛，莫衷一是。

最後請廣幡氏確認御旨，其結果是「陛下之御旨是，岡田為總理大臣，由岡田掌政務。」由此一切清楚，後藤之臨時代理首相職務被解任，當天晚上，我和閣員一起在宮內省過夜，未能完成陛下之信任，這樣不完美的結束，真是遺憾萬分。

後來聽說，陛下曾經指示，中途若無危險便要我進宮。

陛下可能認為，將來有一天還有有用之處，所以我一直把這一句話掛在心裡頭，後來爆發太平洋戰爭，東京開始被轟炸，有人疏散，我以只陛下在東京一天，我就不離開東京。

因為二・二六事件死於非命的齋藤氏，曾經說過令我非常感動的一句話，記得這是我組閣以前的事，有一天他把我找到他的家說了這樣的話。那時建蓋宮內省建築物時，陸軍以萬一發生事件時為了陛下安危為由，必須要造一個避難所，我把它否決掉，理由是……齋藤告訴我：「當時軍中的年輕軍官有很奇怪的風聞，有人這樣主張，說陛下是和平主義者，所以很難搞，應予以廢位，以便奴弄。這太危險了，要造避難所，這個避難所有可能變成監禁所。你要特別注意……。」

齋藤氏的思想之深遠，考慮之周延，真是令人敬佩。二・二六事件時，陛下明確地認為是叛亂，命令了平定，由於這個聖斷，當可知道陛下之平常的想法。

有人預知叛亂

這個叛亂，似有部分人早已預知，但沒有想到兵正會動用軍隊，這是很大的疏忽。據說憲兵隊從二月十日左右就開始跟蹤部分軍官，參謀本部的課長級軍官似也被跟蹤過，因憲兵不夠，故還從寧都宮、仙台借調一部分。記得是二月十七日，磯部淺一、村中孝次、安藤輝三等人，曾經在赤坂烏料理店開過祕密會議，似乎要於二十六日開始採取行動，據稱下憲兵向上級報告，但上級說「不可能」，沒有予以理會。警視廳也覺得有險惡氣氛，由小栗總監告訴第一師長說：「最近管轄部隊之夜回演習行動，可能會影響帝都之治安，請能注意。」一師團長卻回答說這是移駐滿洲時的演習，沒有其他用意，但實際卻是扛著上刺刀之步槍的部隊在街上走，有人說，常盤少尉所率領的部隊，不但做攻擊警視廳的演習，事後大家還向警視聽建築物小便。

第一師團之移駐滿洲是前一年年底所決定的事，快要出發時他們起來叛亂，為建立他們所希望之以陸軍的中心的政府，而襲擊了重臣齋藤氏、鈴木貫太郎、渡邊錠大郎以及我和閣員高橋等，但叛軍到底希望怎樣的政府呢？奇怪的是，事件後他們占據的地區都不准進去，似只准許荒木貞夫、兵崎甚三郎、林銑十郎大將、本庄繁侍從武官長、山下奉文、石原莞爾、橋本五郎、滿井佐吉等人通行。

有人說他們準備抬出兵崎擔任首相。兵崎身為大將，卻叫少尉、中尉等年輕軍官到家裡來一起吃飯，在客廳聊天時，年輕人說：「現在是閣下必須出來的時代。」他會規戒說：「說什麼？你們不要亂講。」但當這些年輕人要回去時，兵崎送至門口，並暗示般地說：「要知道，將來的日本是你們年輕人的。」年輕人聽兵崎這樣說便會覺得兵崎的想法和他們想法是一樣的。我不相信兵崎與荒木和叛亂有直接關係，但叛亂軍官似乎認為軍事參議官和東京警備司令部是支持他們的，東京警備司令部位於三宅坂，據說叛軍拼命要求其發布戒嚴令，應是能希望發布戒嚴令，建立軍政府。

陛下也擔憂鎮壓

躊躇是否以武力鎮壓的理由是，似有這樣的意見，如果軍隊與軍隊之間兵戎相見，打死叛亂軍官是不得已的事，但不能讓服從他們命令而行動的士兵因鎮定而犧牲。

從士兵之家長來說，他們的兒子只是服從長官之命令而已，將變成死於臭名，進而影響徵兵制度之不良結果。這樣陸軍的氣氛，……加上總是有以叛亂軍之行動為壯志的傾向，所以很不容易下要予以鎮壓的決定。起初稱叛軍為「崛起部隊」，甚至稱為「占據部隊」，直至後來決定要以武力鎮壓，已決定其順逆時為叫做叛亂軍，二十六日下午下達暫時警備令，二十七日發布戒嚴令，他們以為是自己夥伴的警備司令部逐漸表明其立場。

據說，一時，戒嚴司令部曾準備上奏，由天皇發布陛下嘉納所謂崛起部隊之精神的勅旨，以此來從事不流血鎮定的上奏案，由此可見陸軍內部對於叛軍的心情如何，當可理解，這也令整個師團官下的部隊，多多少少發生了動搖，同情了叛軍的青年軍官，甚至想動自己的部隊，師團長之中，似也有不知向哪一邊的人。

但據說，陛下曾對香椎戒嚴司令官這樣說：「如果戒嚴司令部無法鎮壓，朕將親自去說服叛軍。」……並於二十六日上午五時發布奉勅命令，在其前一天，叛軍聯絡兵崎說欲與其見面，於是兵崎和阿部、西義一兩大將一起在陸相官邸與叛軍諸軍官會面，叛軍以野中大尉為代表，據傳這樣說：「請上達崛起之超旨，俾完成我們的志向。」兵崎拒絕說：「軍事參議官是不能自動自發行動，只有陛下之指示時才能動，但這一次事件極為重要，故我們才自發地動，你們怎麼可以率領部下隨便殺傷國家的重臣呢？這沒有大義名分，你們要遵照勅命善處。」野中回說「明白了」，因此叛軍之歸順還有希望。

同時叛軍的態度也是搖擺不定，迨至二十八日早上，有歸順的氣氛，使戒嚴司令部喘一口氣，但因為北一輝之教唆，情形又為之一變，不實行說好的部隊歸營，於是戒嚴司令部認為，唯有行使武力之一途，便開始策畫其作戰，其戰鬥指導方針，主要是要以戰車挫叛軍之抵抗，首先以指揮之軍官為目標，士兵之犧牲要使其最小限度，為此好像準備使用毒瓦斯。

那時國會大廈剛蓋好沒多久，一千四百名叛軍士兵在裡頭，很難處理，要把它炮擊打毀太可惜，有人說使用毒瓦斯應該沒什麼關係，但叛軍都帶有防毒面具，因此據說要用防毒面具沒有效用的催淚瓦斯，如果不行，準備使用十五公斤的野戰重炮，認為即使毀掉國會大廈也在所不惜。

下達奉勅命令之後，決定由宇都宮第十四師團來警備東京，師團長之末松是我的內弟，據說到達東京之後一夜之中就集合了數千士兵，將士兵陣地一步一步往前進，採取盡量減少死傷者的鎮定方策。那時海軍、兩個中隊的陸戰隊從芝浦（品川附近—譯者）登陸，警備海軍省、優見、久邇、高松各宮邸、軍學校和經理學校等等，戒嚴司令部認為此次事件齋藤氏、鈴木和我海軍方面人士遭到襲擊，考慮到海軍方面的心情，似乎很擔心和叛軍之間發生什麼事。

兵崎獲判無罪

對於叛軍的攻擊，預定開始於二十九日早上，因此對於永田町一帶之居民下達了避難命令，市內交通停頓，因為馬上可能出現流血之悲慘場面，不過因是要盡量減少士兵之犧牲的方針，故先用飛機散發歸順的傳單。

戒嚴司令官曾透過廣播電台廣播規勸反叛軍歸順，即為「告士兵書」的廣播，據說它後來成為好大的問題，它說：「現在還來的及，要停止抵抗回歸軍旗之下，若是以前之罪將獲得寬恕，……云云。」認為「罪過將獲得寬恕」，說得過分。

理由是，其罪過要不要寬恕是國法的問題，不是戒嚴司令官的權限，法律上之罪，戒嚴司令官能不能決定，其司令部應以常識也可判斷，此時司令官的辯解是在作戰行動上說是「要寬恕其罪」，也就是應該擊滅叛亂者，但現在不準備這樣的意思。

那時周圍的情勢，逐漸對叛亂軍不利，傳出該日中午左右諸軍官將在陸相官邸切腹自殺的風聞，士兵歸營開除武裝，終於未見流血告結束，但自殺的只有野中一個人，其他軍官皆被逮捕，附諸軍法會議，其中有一個名叫丹生誠忠的中尉，這是迫水母親表弟，據說事件當天中午左右，他打電話給我女兒萬龜子（迫水夫人）表示歉意，令這個年輕人走上錯誤的道路，實在可惜。

當時，社會對於久原房之助也有各種疑惑議論，久原為取得政治上情報所用的金錢，間接流到叛軍手裡，但久原與這次叛亂被認為沒有直接的關係。說到資金，也有藍字三井之池田成彬的風傳，調查結果似乎也與事件完全無關，一九三五年東北饑饉時為捐款，三井有時候給右翼方面的人金錢，但沒有給叛軍資金；兵崎則被指為他是事件的幕後人，不過因沒有確實證據，被判無罪。

祈禱犧牲者之冥福

我於三月一日，由宮內省搬到首相臨時官邸（當時為農林大臣官邸），舉行松尾之葬禮的三月三日，我才自事件以來首次回到角筈的我家。回家之前，我去高橋、齋藤兩府弔唁，祈求他倆之冥福。二十九日下午四時之內閣會議發表我之生存，給國民非常意外的感覺，社會之騷動由之告一個段落，在自宅重新面對松尾之遺體時，我實在感概萬千，也覺得很對不起他，也很感謝他，我以無法表達的心情一心一意禱告其冥福。

松尾遺體到達角筈之後的情況，真是啼笑皆非，和尚想快給他取院殿大居士戒名，弔唁課很想知道我最後的情形，知己朋友想盡早瞻仰遺體，拼命催促迫水，迫水即請他們撿屍以後再說，以勸他們。

松尾之妻子稔穗是我妹妹，只看到以這是我的屍體而回家的遺體，她一定很牽掛她丈夫到底發生了什麼事，但她從沒問過。據說因迫水無法忍受，當天晚上很晚時請來家人，說明棺材裡頭的遺體是松尾，並說：「松尾能效勞已經滿足。」聽了這番話，讓我重新深感活下來者的無奈。

跟我同班同學的竹下勇大將一看到二十八日而還不辦理葬禮的樣子，遂開始動怒，罵迫水說：「這樣下去岡田將無法升天。」主張把遺體交給交社，由他們同學來舉行。迫水對他表示，等處理完叛軍的事以後再說，才得到他的諒解。

迨至知道我沒死時，有人開始擔心我將來要如何過日子，要像從前那樣的逃亡著躲在倉庫裡頭，一生過著看見不得人的日子嗎？這樣擔心我。從這裡的情形，也可以知道那個時候的人心如何。

但至今我仍然堅信，我並沒有被暴徒打倒是一件好事，所以我完全不介意人家對我的批評，唯有使我永遠堪慮的是，因為這個事件，齋藤氏、高橋氏犧牲這一件事，松尾和四位警察的靈位至今仍然擺在我家的佛壇，每年忌日我都去掃墓，這是我最低限度的義務。

九、日本站在十字路口

自我反省中的樂趣

我認為，二・二六事件是抑住陸軍干預政治的最好機會，當時年輕軍官破壞軍紀，率領士兵起來叛亂，令人深感軍方之暴力傾向已經到達了這樣的地步，同時在國民心中，對於軍方之橫暴的反感相當強烈，應該把握這個時機，橫暴的人搞了這樣大事件以後才恍然大悟，如能抓住這個時機，以國民之常識為立足實施強有力的政治，抑制住軍方的勢力。我覺得那時應該是非常恰當的時機，惟因如果反對軍方，怕將流血犧牲的恐怖，進而會形成了軍方能為所欲為的形勢。

但我現在說這種話也無濟於事，辦完松尾葬事之後，我便在角筈的自宅，完全過著自我反省的日子，我把門都關得緊緊地，儘量不外出。對於我沒有被殺，還活著，有人覺得很不爽，而有各種傳聞，但我從來沒有做過任何辯解，保衛的警察天天緊張，晚上都不敢睡覺，四、五個人在我身邊警戒，真是很辛苦。

因為每日無所事事，所以以名叫神宮益太郎的警衛警察為對象，在院子一起栽種樹和盆栽，這樣說好像是對此種事情有興趣，其實我對於盆栽，都是人家給我稍稍弄一下而已，我自己從來沒有買過盆栽。我實在沒有這樣奢侈的餘地，我喜歡看飛到我院裡的鳥，因此我得知小鳥的習性。我也每天看著院子，發現在院子的樹木中，葉子出來最慢，最快掉葉子的就是百日紅，……在這期間我也練習寫漢詩。跟我一起打發時間的神宮這個人，在我首相時代也在官邸擔任警衛的警察，與犧牲之土井清松是每隔一天交替的勤務，發生事情那一天，他是休假，所以幸免於難，及至一九四七年廢止對於前官禮遇之警衛，他一直為我效勞。

我雖然在自我反省中，但我還是大喝其酒。我之好喝酒，在海軍內部是馳名的，我是沒有酒不行的一個人，我自己不覺得我特別喜歡喝酒的人，但我有自信可以無限制地喝，因我不管怎麼喝都沒有問題，所以有人問我為什麼能喝酒，這非常簡單，在酒席，儘量喝，喝到快要醉的地步以後就慢慢喝，隨醉意醒過來，再繼續喝，一直保持同樣醉的程度，如果能這樣做，可以一直喝下去。首相時代，在官邸一個人生活時，晚飯時有三、五升酒就夠了，據稱齋藤氏曾開玩笑說：「岡田如果有酒的話，便當只有飯沒有菜也沒關係。」

感謝前官禮遇

過了三個月左右不出門外的日子後，皇宮召我前去，對於在自我反省的我而言，這格外使我感激。那是六月十七日的事，是天皇找新舊閣員用餐，天皇特別吩咐要「岡田一定出席。」我非常高興，首次開大門出去，前往皇宮。使我感概特別深的是，二・二六事件第一年之忌辰，我去參拜多摩目的的時候，那也是許久沒有過的外出。齋藤氏、高橋氏葬在這裡，犧牲之井上、村上兩位警察的墳墓也在這裡，事件的那一天下雪，但此時是小雨，我淋雨參拜後，更前往葛飾之清水的墓，對於有如隱遁者的我而言，才能心安理得。

我奉令將獲得前官禮遇是一九三六年四月二十九日，天長節那一天的事。陛下之尊意據說出於事件之後，經過一年之後我被列為重臣之一，至此我才能出於社會見人。從此時，客人日漸多，我跟任何人都見面，神宮擔心會不會有危險人物前來，他在隔壁房間監視和留意，但都沒有發生過什麼事。我的客人多，據說是大家認為我有情報，其實那是因為客人多，他們會說許多事情給我聽，所以我能夠知道許多事。我不必蒐集情報，自然會許多消息。

軍部大臣之現役制是禍害

我之後出任首相的廣田弘毅，以為陸海兩大臣應該是現役、因而恢復了這個制度。一九一三年第一次山本權兵衛內閣時，軍部大臣可以是預備、後備退役之大將或中將，把它恢復原來的現役制是一個失策。我想廣田應該沒有這個想法才對，但因此這對於軍方之獨裁政治給予很大的方便，也就為軍方之攏斷政治開了方便之門。

軍方對於不喜歡的內閣，可以不推薦大臣而使其垮台，結果變成軍方能夠隨意控制內閣，繼廣田之後奉命組閣的宇垣一成，就是因為陸軍不推出大臣組織不了內閣而流產，後來米內內閣之倒台，也是因為陸軍令畑陸相辭職，不另外推薦人所致。

米內光政這個人腦筋好，乍看之下好像與政治無關裝傻的樣子，其實對政治極有興趣，所以讓他參與政治就沒完沒了。有人說他優柔寡斷，但在實際上他是非常有政治頭腦的，表面上裝遲鈍，但認為這樣做有利，他便會立刻採取行動。我擔任聯合艦隊司令長官時，他是陸奧號的艦長，開始與政治發生關係以後，他的想法和我的想法大致相同，惟因不喜歡給人家說他跟著我，為我的夥伴，所以總喜歡對我採取批評的態度。

計劃暗殺山本五十六

與其相比，做為政治家，我覺得近衛文麿是一個非常馬馬虎虎的人。照內閣所決定去做事沒有問題，但對於那些雖然有些問題，卻總以為有辦法而去做事。繼林銑十郎內閣出任首相，不久陸軍在華北搞起盧溝橋事變，進而演變為中日事變，起初採取不擴大方針，對於勢如破竹的陸軍束手無策，繼而發表不以蔣介石為對手的聲明，事變由之日益擴大，以致不可收拾。

締結日德義三國同盟條約，正面與英美對立，是第二次近衛內閣的時候。

對於三國同盟，米內反對到底，所謂三國同盟，是加強一九三七年十二月所成立之日德義防共協定，在不知不覺之間，變成同盟條約。陸軍一向以蘇聯為目標，因此欲和德國聯手，從九一八事變以後，日本在國際上日益孤立，需要朋友，但與德國聯手，結果會怎麼樣可想而知，美國與德國感情非常不好，因中日事變，日本在國際上之立場已經很不好，與德國聯手，使美國之對日態度更加惡化。

希特勒自從在歐洲和英國、法國開始戰爭以後，更拉攏日本、蘇聯締結軍事同盟條約，令史達瑪（德國駐日本大使）大顯身手。那樣深入插足，一定會誤國，中日事變已把日本搞得焦頭爛額，自不可以再和美國作對，無論如何想法，都對日本無益。

在大體上，海軍內部內部是反對的，米內更是反對到底，據說平沼內閣為這個問題開了幾十次內閣會議，在內閣，有田八郎、石渡太郎等都很反對。旋即聽說德國和蘇聯簽訂了互不侵犯條約，平沼以國際關係「複雜怪奇」而辭職，繼起的阿部內閣也無法解決，因此米內出任首相，以為可以阻止三國同盟，果然他暫時把它凍結了。聽說，天皇曾對米內說：「海軍幹得好，日本由之得救了。」而非常高興。

當時山本五十六是海軍次官，非常反對三國同盟，但在陸軍內部，有人認為山本好可惡，以因有山本同盟才搞不成，而有暗殺山本的氣氛，海軍以陸軍有這樣的打算，為了防患萬一，還準備以裝甲車載陸戰隊與其對抗，更曾一時把山本藏在水交社，後山本覺得很無聊，所以只能每天打橋牌。

簽訂三國同盟

三國同盟條約之簽訂，雖然被米內壓住，但不久又東山再起，到吉田善海軍大臣時，海軍一直反對。日本因目前的戰爭已經精疲力盡，除非有絕對把握戰勝，對其沒有把握的事，還要刺激有軍備的國家，真是危險極了，問題是，連海軍內部，也有人開始主張不惜一戰，說得有聲有色，內部甚至有重視這種人的傾向，在年輕人之中，還有美國沒有什麼可怕這種話傳出。吉田反對，最後以神經衰弱辭去海軍大臣，及川古志郎接任大臣之後，不久就簽訂了三國同盟條約。

松岡洋右以這個同盟不是要和美國戰爭為理由，欲說服海軍，海軍以簽訂同盟，萬一美國和德國戰爭時，日本將自動地必須參加戰爭而反對，但松岡卻說，如有此同盟，美國就不敢參加戰爭。松岡似以此種理論來說服海軍，因此有人說因為這樣也就沒有再反對的理由。

天皇明察日本的前途

這是日本的十字路口。日本曾經和英美簽過裁軍條約，這是想和英美儘量能夠合作的想法；但看日德義同盟的話，日本是要改變路線，與德國、義大利攜手，以英美為對手，有心的海軍對此很是痛心。此時天皇召見近衛，據說這樣說過：「這個條約是非常重要的條約，因此美國不久將停止對日本輸出石油和鐵砂。若是，日本的自立將如何？從此以後，或許將多年處於苦境和黑暗，你有這個覺悟嗎？」

天皇這樣擔憂日本的前途，因此近衛非常惶恐，發誓將鞠躬盡瘁。

近衛認為，締結三國同盟是為了要使美國不介入戰爭，日本將希望盡量和美國攜手，因此正在努力於日美的交涉，我也希望日美之交涉能夠成功，但因松岡外相的存在成為與美國交涉的障礙，為了要讓他離開，近衛內閣提出辭職，成立第三次近衛內閣，但與美國之交涉毫無進展，以豐田貞次郎為首相，欲對美國表示和平的態度，但未能獲得對方應有的回應。

再另一方面，陸軍強行進駐越南，使美國更加強硬起來，至此完全無策可施，近衛內閣終於不得不鞠躬下台。

如天皇所擔憂，美國不賣石油給日本了，那麼反對太平洋戰爭之海軍內部，石油只有儲藏兩年的份量，因此有人開始認為，如果要戰爭就要快一點，否則將毫無辦法，感覺危機已迫在眼前。對於近衛辭職之後要誰來接任，舉行了重臣會議，此時木戶內大臣推薦東條英機，阿部表示贊成。其意思是說，只有東條才能控制陸軍。美國要日本從中國撤兵，因為中日事變失敗，必須善後此事，需要能夠統一陸軍的人物，木戶認為東條可以推動日美交涉，諸重臣雖然不是很贊成，最後通過命令東條組閣。

對於東條，我只看過這個人，但沒有跟他講過話，完全不知道他的性質，我聽完了木戶的話表示，對於東條案我有一點擔心，重臣會議不是決議機關，只是說些意見供內閣參考而已，如此這般出現了開戰之負責任的東條。

海軍方面也出現開戰論

東條出任首相，十一月二十九日天皇請全體重臣進餐，爾後就時局表示意見，而在這之前，政府與重臣舉行會談，好在我擔任首相時代之秘書官的迫水那時是企劃院第一部第一課長，企劃院是策劃綜合政策的機構，有戰爭資材等各種資料，非常詳細，他偷偷地把這些資料拿來給我。

我把這些數字擺在腦筋裡頭去參加談會，政府的說明者是企劃院總裁鈴木貞一，講的都不是事實，譬如對於如果開始戰爭，一個月船舶將會有多少損耗，他只說其十分之一，看過有關資料的我，當然知道東條在「討價還價」。

諸重臣也問了很實際的問題，使政府很難答覆，因此花了許多時間，總而言之在物資的補給能力方面，根本不可能和美國打仗，對於東條來說，在美國進行經濟封鎖、石油之儲藏日漸減少，戰力銳減，國家生存受到威脅。

米內在天皇面前說：「我說日本要的不是資源而是物資，我說搞得物資一下子完全沒有了將怎麼辦？若槻氏說要搞什麼建立大東亞共榮圈，為這種理想而消耗國力是很危險的。」若槻氏的《古風庵回憶錄》說此時東條曾表與泰國有密約，但在我的記憶中，東條沒有說過這樣的話。

希望能夠順利的日本交涉，迨至十一月底美方卻突然強硬起來，而且美國的艦隊在夏威夷珍珠港，大大刺激日方開戰的動機，如果美國的艦隊在其本土，或許能使日本迴避戰爭也說不定，這是善意式的想法。那時，外務大臣東鄉德派加藤來看我。加藤傳話說東鄉在努力於避險與美國的危機，但最近海軍的情況很不好。從前，海軍反對與美國的戰爭，所以以為不會和美國戰爭，但最近海軍的意見逐漸硬起來，趨向陸軍之戰論，如果這樣下去，可能會向美國開戰，因此請以海軍長輩的立場，緩和海軍的意見，避免與美國之衝突。

於是我找來小林躋造和豐田貞次郎，加上加藤，我們四個人商議，將由小林告海軍大臣嶋田繁太郎。爾後小林聯絡說，到海軍省和官邸都為能見到嶋田，因請與嶋田同期之崛中將商量，向嶋田海相轉告我的意見。

永野和山本

軍令部總長永野修身這個人，我認為腦筋有問題。天皇問：「與美國戰爭，你認為能贏嗎？」

他回答說：「我想贏不了，但這個戰爭必須打。」雖然會輸但必須打這種毫無道理的回答，受到天皇的指責，他卻在內閣會議以及其他場合，主張強硬論，而終於對美國開戰。

當時身為聯合艦隊司令長官的山本五十六，好像非常煩惱，「要打，一定要進攻夏威夷，這再研究。但我對中央建言日美絕不能打，卻很困難。」他反對與美國開戰。山本說：「開戰，一年我可以大顯身手。」他的意思是說，一年內我可以負責打勝戰，但以後就不敢說了，也就是說，山本的力量在當時已經無能為力了。

山本認為，時至今日，恐怕只有請天皇阻止戰爭之一途，而等著由基地出發，但由於沒有向天皇報告就開戰，所以山本便不得不往夏威夷出發，我覺得，當時之日本海軍沒有這樣的大人物，我認為不應該讓他出任聯合艦隊司令長官，在那麼重要時期讓他去犧牲，死得太早了。

我認為應該讓他出任海軍大臣才對。

我想，陛下知道開戰可能也是十二月八日，跟我們大致同一個時候。在其之前的二日，我想天皇對於詔勅已經簽了名，這是一種傳統，是要事先簽好的，但我相信，天皇簽名時並不相信會戰爭，因為同時也準備了成立日美交涉時的詔書。開戰詔書案，天皇特別加了「豈非朕之志」這一句話。日美之開戰，天皇完全沒有獲得事先的報告。

十、與東條的搏鬥

打倒東條內閣

突然開始了太平洋戰爭。起初勢如破竹，一下子占領了馬來西亞、菲律賓、緬甸和印尼，讓國民喘了一口氣。最近有人在說日本占領新加坡時，英國曾經提出要交涉和平，其實完全沒有這回事，英國不可能做這種傻事，我一直以很不放心的心情觀察期間發展。逞強的戰爭，能贏當然好，但事實會來檢討不對，美國登陸了，日本一年來的戰爭消耗，從此以後，我每天坐立難安。

此時我認為勝敗已經定了，重要的攻擊武器——飛機，質、量等完全不能比，加上美國發明雷達，日本海軍已不可能進行其拿手的夜間攻擊，潛艇被用於演習戰遭到毀滅，無法從事潛水作戰。

本來大家都知道，日本沒有和英美作戰的國力，生產力遠不如英美。戰爭不是個人的輸贏，它有關全體國民的命運，絕對不可以以總有辦法的心態去幹，除非徹底的研究和思考，沒有戰勝的把握，絕不能開戰，不能打沒有把握的戰爭，我經常這樣說。

而前線的海軍將士，也有戰爭已經輸了的痛苦氣氛，但在中央愛逞強者，似乎沒有這樣的感覺，現代的戰爭是生產戰爭，既然有這樣大的差距，要挽回其劣勢在事實上是不可能的。

我的長子貞外茂，當時在軍令部第一部一課工作，二・二六事件時被誤為我的妹夫松尾之女婿瀨島龍三是陸軍參謀本部的中佐，加上在企劃院的迫水，因為有這些親人在戰爭中的中心工作，他們大約一個月一次在我家裡吃飯，因此我非常清楚戰爭的進展狀況，我清楚政府對於高官也隱瞞的損害，這是我的情報網，但貞外茂於一九四四年十二月戰死，瀨島於一九四五年七月，以具有戰敗思想被調往東北，這個聚會到那個時候終止。

此外，我愈聽得海軍方面的消息，愈著急，如果這樣繼續打下去，日本必將用盡國力，徹底遭受破壞，會敗得很慘，輸贏雖然那麼清楚，自應該儘早設法結束戰爭，一個建設這樣好的國家，戰敗雖然非常不名譽的事，但現在如果能夠予以搶救，還是應該想想辦法才是，拱手讓國家滅亡，是不忠之至。

我認真思考，要用什麼適當的方法來結束戰爭，我以自己最後之工作的心情來絞盡腦汁，設計方案，但我認為結束戰爭，是不可能由開戰的內閣來做的，而且東條的做法是，嘴巴上說必須設法結束戰爭，實際上卻不想法子，繼續在專心作戰。欲結束戰爭，我認為首先必須打倒開戰的東條內閣，要如何讓東條下台？我正在腦力激盪時，木戶所說的話給我很好的啟示和方法。

很有意思的木戶暗示

去和木戶見面的不是我，而是傳達我意見的迫水。那時我是這樣想：東條是不會隨便放棄內閣的一個人，在此時局想倒閣也不可能成功，所以要令他既保持面子，又能使他離開首位才是上策，這個方法只有一個，就是讓他就任參謀總長。

於是我叫迫水不聲不響地去訪問推薦東條的木戶，迫水覺得不大方便直接去看木戶，乃請有馬賴寧伯爵作東，於九月間的某日和木戶一同享用午餐；為讓人覺得迫水不是我派的，他還和朋友美濃部洋次一起訪問位於荻窪之友馬邸。

在這席上，迫水說了我想說的話，對於東條內閣做了各種批評之後，說在戰局日趨重要的今日，最重要的不是國內的政治，而是軍事作戰的指導，極端來說，首相誰都來做都沒有關係，參謀總長應該由很能幹的人來出任，因此此時讓東條任參謀總長，專門指導戰爭，國內政治以適當的人來擔任首相如何？

據稱，木戶說：「內大臣有如一面鏡子，即反映輿論和社會情勢，將其原封不動地呈顯給陛下的工作是內大臣的任務。它不可以個人意見來行動，也不能以個人感情歪曲輿論報告陛下，因此對於東條，你的意見我知道了，但我對於個人意見實無法處理，如果輿論反對東條內閣，我將報告陛下，我沒有非支持東條內閣不可的想法。」

於是迫水又進一步問說：「什麼叫做輿論，如果報紙的論說是輿論，報紙是檢閱制度，在嘴巴被封住的今日，它自不能說是正確的輿論，議會現今是異　政治，即使有人在內心反對東條內閣，不能也不敢公開說出來，因此在形式上是看不出輿論的，是不是可以把國民心中，不敢或不向陛下說出來的想法當做輿論？」木戶說：「輿論不一定都有其形式，譬如諸重臣對於某事有一致想法，這也是一種輿論。」

聽到回來的迫水這樣說，我覺得這是一個非常好的暗示，如果能集重臣意見做為輿論，這是令東條下台最力和最簡潔的方法，於是我開始準備以這種方法來打倒東條內閣。

以慰問名義邀約東條

從前，重臣之集會，不是政府請客，就是更換內閣時由天皇邀情而聚會，從來沒有重臣自己集會。我以國家正處多難之秋，由諸重臣時或聚集交換意見，同時對政府有所建議如何，和近衛、平沼聯絡，以我們三個名義，與諸臣商議結果獲得贊成，第一次聚會，便以邀約日夜辛苦的東條來報告戰局為主旨，乃由平沼、近衛和我三個人聯名發出邀請書。

近衛等似乎有很想對於東條說一些不客氣的話，所以非常高興。這是十月間的事，會場定在華族會館，我令迫水去分送邀請書，對於東條的說詞是這樣：「以前都是總理大臣請客，覺得沒有請過總理大臣，慰務慰務，不好意思。我們以回請的心情，擬請您，以便拜聽高見。」對此東條表示欣然接受，但他也有他的想法。

他雖然答應要出席，但以他一個人聽意見說話不大方便，要帶大本營、政府聯絡會議之閣員出席，若是如此，欲以東條一個人坐在中間，大家予以圍攻的計畫將落空，所以告訴他，來那麼多人無法無所不談地交換意見，最好你一個人獨來，近衛也說這樣不行，主張東條單獨來，東條說如果只是他一個人他不出席，因而讓步，等下一次的機會。這一次東條帶了其手下出席，故成為一般性的聚會，沒有達到目的。

重臣圍攻東條

但我覺得總會有機會，不要急，不能急，急會搞壞事情。其下一個月，東條回請重臣，和閣員聊天，爾後每隔一個月，由重臣邀請，或由東條回請，一直連續對談；只要等待，總會有機會。事情過了五個月以後，隔年的一九四四年一月重臣邀請時，東條一個人來了，因為這已經是每個月都會做的同樣事情，所以他輕鬆起來了。

在這期間，我和若槻氏、平沼和近衛有時候見見面，互相交換意見和情報，皆覺得如果讓東條這樣搞下去，國家前途將不堪設想，現在終於得到大家能和東條單獨接觸和交談的機會，大家認為應該好好把握這個機會和好好整他一番；話雖然說的很客氣，但大家都異口同聲地出征東條。

其中，若槻氏的話說的最重，他說政府雖然嘴巴說必勝，但戰線的事實卻與它相反，現在如能以沒有輸贏結束戰爭，已經算是上乘，而這恐怕都有問題，既然如此應該儘快設法講求和平，但政府在逞強，不研究終結戰爭的方策。「你到底準備怎麼辦？」對於尋求和平的方法，若槻氏主張派人到與戰爭無關的國家設法，東條因為大家圍攻的很厲害，最後板著臉回答說：「沒有這樣的管道。」這次聚會獲得相當大的效果，近衛將此次的情形告訴他所見到的人。獨善成性的東條，因對他反感的人愈多愈多，東條被重臣整的事，大家都喜歡聽；這進而自然而然地傳到國會，國會之反東條的氣氛因此日漸濃厚。從前，東條在國會時上台，大家都會鼓掌，現在東條出現，沒有人鼓掌了。

東條發現情況不對，遂開始改組內閣，他說要加強國防和統帥的關係，自兼參謀總長，集首相、陸相和參謀長於一身，名符其實地建立了獨裁體制。就這樣，想要以東條為參謀長，令其辭去首相的我的方案，以意外的方式實現了，對此據說有鳥伯爵對迫水苦笑說：「你的提案以很奇怪的形式實現了」，但我不相信東條是知道我的意向而這樣做。

其次抨擊嶋田海相

那時美軍已經越過，控制了主場，不少日軍覆沒。

面對這種局面，我實在寢食難安，於是我開始構思第二個方策，那就是迫嶋田海相走路。嶋田學東條兼任軍令部總長，這違反海軍的傳統，沒有人贊成。據說嶋田在海軍兵學校的成績不錯，惟與東條太過同污，海軍和陸軍是同等的存在，對於海軍的運作，身為海軍大臣的他，應該以海軍的代表來行動，卻什麼都聽東條，這是不行的。因此在海軍內部他完全失去信望，獲得「嶋田副官」的諢名，意思就是東條的副官。嶋田去相鈴木貫太郎報告說「山本戰死了」，鈴木驚訝不由地說「那是甚麼時候？」嶋田回答說：「這是軍方的機密不便奉告。」鈴木怒說：「我是（日本）帝國海軍大將」，因此常常罵嶋田說：「這個傢伙真是豈有此理。」

嶋田在內閣，不能從海軍自己立場處理事務，與此同時令嶋田辭去海軍大臣，也能搞垮東條之獨裁體制，對於後任海軍大臣之任命，如果海軍對於東條內閣採取不合作態度，內閣可能非倒台不可，即使推薦後任，海軍大臣之兼任軍令部總長的模式，將趁此機會能予以改正，屆時陸軍之東條，將不便再兼任參謀總長。

為此，我想設法使米內恢復現役。我認為，能帶動海軍因應目前困局，使內閣前往正確方向的，實以米內為最好的人選，因此我曾就米內之事拜託伏見宮殿下，惟海軍有米內和末次兩個系統，如果令米內恢復現役，一定會有人主張，末次也應恢復現役，即要米內出任海相，末次接任軍令部總長。

實現米內和末次的合作

就我而言，末次是無關宏旨的，但如能順利使米內恢復現役，這樣做也無所謂。問題是米內和末次感情不好，兩個人見面從來不講話，要使兩個人恢復現役出任要職，必須使他倆言歸於好。為了我們三個人能見面，我暗中派人去聯絡，事實必須保密，因為東條認為在此時局策動倒閣是戰敗主義者，所以非常細心地用憲兵監視著我們，故不能粗心大意。於是由米內派系之矢牧章和高木惣吉、末次派系的石川信吾，以及我這邊的迫水，四個人商量和策劃，於令六月二日，我們三個人安排會面。藤山愛一郎以不尋常的善意，提供其邸宅做為我們見面的場所，就這樣，三個人以不同時間在藤山邸不遠處的地方下車，以避開憲兵之耳目，完成了聚會。

藤山離開座位之後，我便對米內和末次說：「此時，為日本你們兩個人言歸於好如何？現今已經是非常狀態。」兩個人都表示，為了救國，個人感情應該擺在一邊，願意攜手合作。我覺得這樣太好了，為了紀念大家寫了幾個字後，聚會就這樣解散。

為了要讓嶋田辭職，我首先想借用伏見宮殿下力量，因為我自己與殿下平素來往密切，殿下也很愛護嶋田所致，嶋田被稱為殿下之「寵兒」，所以認為徵得殿下首肯之後來辦是比較好。

我去看殿下並表示「我覺得現在令嶋田辭職，以一新海軍之氣氛比較好。……」殿下表示：「是這樣，我來對嶋田說。」同時我又去見木戶，表示我的意見，木戶認為應該先告訴東條，遂命令赤松秘書官轉達。赤松想趁東條心情好時轉告，但好像沒有能夠向其報告。因殿下已經表示同意，我遂於六月十六日和嶋田見面，我說：「要使米內和末次恢復現役，不要海相兼軍令部總長，海相讓給別人如何？」嶋田說：「現在辭去海相將使內閣崩潰」，而言左右。那一天我們不歡而散，嶋田遂將此事告訴了東條，隔天，東條聯絡說要和我見面，請我到首相官邸一趟。

終於和東條對決

與東條對決之日子終於到了。我相信東條老早就知道我在做各種策動，加上發生嶋田這件事，他的生氣可能已經無法忍耐了，因為不知道會發生什麼事，故身邊的人都非常擔心我。我在思考與東條見面時要採取怎樣的態度，裝傻？但不好，因為對方已經知道一切，乾脆說清楚比較好，因此我一個去了官邸。

有趣的是，這一天嶋田應伏宮殿下邀請去了官邸，殿下對他說：「你辭掉海軍大臣如何？……」我一到首相官邸，他們便我帶到內閣會議室隔壁的會客室。我的心情好像是要去決鬥，至於與我們面對面坐下的東條，心中如何不得而知，他語句頗為穩重，很客氣地喊我「閣下」並說：「據說閣下曾勸海軍大臣辭職，我想這種事應該是先獲得總理大臣之諒解才好，對內閣來說，我覺得很遺憾……」我記得他這樣說。

我回答：「不，我不是在頂嘴，我沒有把握把閣下擺在一邊去勸告的。前此我與木戶內大臣見面時，內大臣曾吩咐閣下之秘書官赤松大佐，向總理大臣報告。」東條的表情是覺得很意外的樣子，我想事後赤松一定會挨罵。

東條又說：「在這多難之時，搞這種事，將使內閣發生動搖，很令人困擾。」

我說：「我覺得現在嶋田海軍大臣在其職位對國家不好，所以才這樣勸他，總之用嶋田，海軍內部無法安定，如果這樣下去，情況將江河日下，請閣下也多多思考，我是為政府才做這樣的事。」

東條又問：「那為什麼也要勞駕宮殿下？」東條接著說：「更換海軍大臣將導致改內閣之不安定，在這樣重要時期更換政府對國家沒有幫助。」

我說為因應戰局必須更換海軍大臣，東條徹底非難我的作為，要我收斂，「否則會發生對閣下麻煩的事」，暗中威脅我。我說：「這是意見的不同，我要堅持我的想法。」

會見大約半個小時。當時東條的說詞是，將挽回戰局至五波五波，我雖然知道再談下去也沒有什麼意義，但到玄關前我還是主張需要更換海軍大臣，最後兩個人不歡而告別，後來據說，東條身邊的人，有人主張要把我當場帶到憲兵隊去。

自大的嶋田

在另一方面，受到伏見宮殿下規勸的嶋田，立即婉拒回去，但隔天又去伏見宮邸，並說：「殿下在此地將被利用於政治問題，這樣不好，請能暫時前往熱海的別邸。」據說嶋田建議伏見宮殿下去熱海。不得已，殿下離開東京，離開之前曾派中根事務官來對我傳話：「暫時恐怕見不到面，如果要聯絡，透過中根就行。」

於是殿下到熱海去了。我對於嶋田這樣的態度，極為憤慨。

關於欲更換嶋田事，我很想報告天皇，但陛下表示，除負國務責任者之意見外一概不聽，因此像我這樣的局外者太慌恐，不敢上奏，所以就更換嶋田事，與伏見宮殿商量時，請殿下報告陛下。該時殿下說：「我想求見陛下，最近見到陛下都不叫我坐下，所以即使求見，能不能拜都沒有把握。」

於是我轉告木戶此事，請木戶安排殿下晉見陛下，據說因為木戶之安排，殿下晉見了陛下，並奉告有關海軍大臣之事件，但我終於未能由殿下聽取其經過，殿下叫中根轉達我以下的話：「你對於國家的忠節，我絕對不會忘懷。」我與感謝他所說之話的同時，國家之前途卻逐漸黯然。

最近美軍已經登陸塞班島，日軍正在做最後的掙扎。東條與我見面時說，塞班島之戰鬥是五波五波，這如果是什麼都沒有被告知的外行人所講的話自當別論，已經在海面的海戰上，海軍失去了很重要的航空母艦，其所以有那麼大的犧牲，是因為在攻防戰的損耗，沒有辦法編成完整的艦隊所致。

絕對防衛線之崩潰

被說成絕對防衛線之塞班島的線，已面臨危機，東條這樣說著逞強的話，我覺得是很傷心的事。

如果丟掉了塞班島，日本本土將遭受到美國轟炸機的蹂躪。我覺得收拾局面之人物的出現愈快愈好，我思考能夠採取的手段，認為更換嶋田是最簡捷的辦法，因此為此而很有耐心地奔走。我也去拜訪鈴木貫太郎和他商量過，對此事鈴木也贊成，他建議向高松宮殿下提出，因而我們聯袂去了高松宮邸。

高松宮殿下聽別人意見時，都會提出與其相反的意見，以質問對方，俾瞭解全盤的情況，極為慎重。這次他也很詳細地問了許多問題，我們也對他做了各種的說明，至於戰局，塞班島的日軍雖然盡了最大的努力，還是敗北，保衛日本本土的絕對抵抗戰，終落於美軍之手，本為聯合艦隊之根據地，但卻遭受到大襲擊，因而失去其機能，連塞班島都被占領了，殘存艦艇恐怕只有進瀨戶內海了。

現在回想起來，正在打塞班島戰爭時，鹿兒島出身之姓神的大佐，希望我能知道實際情況而來看過我。他說塞班島被占領了就完蛋了，海軍擁有武藏，大和的大艦又有什麼用？最後關頭時，不得已時，將這兩巨艦開往做為炮台，以其極大之威力的主炮來炮打。他拼命對我這樣說。

現在如果能固守塞班島，暫時有喘息的餘地，在這期間再來好好地到等到以後做戰，希望我能像軍令部做這樣的建議。防衛塞班島如何重要，在鬥戰敗時軍首腦已經討論很多被占領之後，具體地應該如何因應，都沒有具體的做法，實在不像話。身為參謀總長的東條，強制第一線進行作戰，暴露了統帥首腦之頭腦的不靈光，從而失去了陸軍內部的信用和聲譽。

東條、嶋田進退維谷

總而言之，我因神的熱衷，我由之去軍令部轉告了他的話，但日本海軍之王牌大和，最後用於琉球的特技作戰。那時嶋田在海軍之現役，預備之大將會，被質問先去塞班島之後的作戰策略，都沒有辦法回答；陸軍方面，也開始有東條不行的聲音，愈來愈大。現在不分內外，對東條很不力利。

於是東條和嶋田商量，擬以加強內閣，以對抗反對的勢力，因此東條於七月十三日往訪木戶內大臣，擬要與其商議加強方策，借用他的力量。那時木戶所說的話，與東條所想的完全相反，木戶對東條提出三個條件：第一，參謀總長和陸相要分開，以確立統帥。第二，要更換海軍大臣，最後，令重臣入閣以建立一致的內閣。東條問木戶：「這是誰的方案？」木戶回答說：「這是陛下的意思。」東條不相信，隔天拜謁之際問天皇，這完全是天皇的想法，至此，東條束手無策。

如此這般，嶋田不得已辭職，嶋田推薦澤本繼任，他忘掉了他曾經強制伏見宮殿下前往熱海，而竟去訪問殿下，請殿下同意澤本接任，但伏見宮殿下予以婉拒。不得已，從吳（地名）海軍鎮守府把野村正邦叫回來，令其接充。

打破內閣之補強

在另一方面，東條好像要請重臣入閣，以加強其內閣，這是我們求之不得的最好機會。對此事我一再思考，要令重臣入閣，有些閣員必須辭職，東條到底要叫誰辭職呢？為了瞭解其情況，蒐集情報的結果，得知東條更換閣員時，好像很聽星野近樹的意見，星野有一個一個地更換他不喜歡的閣員之情形，鈴木貞一之辭職，賀屋興宣之離開，似乎都是星野的意向。

如果這樣，下一個是誰呢？問了迫水，迫水說可能是岸國務大臣，我不認為是岸信介，但迫水跟他很熟，我遂叫迫水去找岸信介。迫水回來告訴我說，他對岸表示，「東條目前必須空出閣員位子，所以他一定會來找你辭職。岡田期待你有所作為，希望你盡點力。即東條叫你辭職時你不要辭。」岸對東條並沒有好感，岸說：「我沒有被免職的任何理由，即使要我提出辭職，我也要拒絕。」

果然隔日發生了這樣事情。半夜，是星野以東條使者到岸家說，為加強內閣，要岸信介辭職。岸信介說：「我要向總理大臣回答」，叫星野回去，並去首相官邸，對東條明白拒絕其辭職的勸告，東條一定很頭痛。有一個姓四方的憲兵來看我說，東條半威脅半哄騙，要他辭職，岸不點頭。

因此東條之改組內閣終於失敗，在內閣本身，重光葵和內田信等也提出全體閣員辭職的意見，東條是四面楚歌。不了解東條之政治行情的野村直邦，接受海軍大臣之後任，簡直被東條所騙，於七月十七日完成親任式，該日在平沼邸重臣聚會，決定重臣不入閣，明確表示不信任東條內閣。那一天天氣很熱，若槻氏由伊東趕來，近衛、廣田、米內、阿部和我加上主人平沼，開始密議是下午四點鐘左右。

擔任會議主席的若槻氏首先說：「東條內閣已經失去其信任，今天想聽聽大家的意見。」

當時的氣氛，從頭到尾，其結論幾乎都是東條應該下台。只有阿部一個人的想法有些不同，他說：「我們是不是先來聽聽東條的說法，聽了之後覺得還是不行再來要求其下台。」米內說東條請其入閣，他拒絕了，並表示「內閣需要更換」，態度極為清楚，若槻氏說根本沒有再警告東條的必要，已經得到東條不行的結論，所以要他下台，阿部個人要和東條談，那是阿部的自由，諸重臣的想法是，不必再警告東條。

據說，岡軍務局長去看米內表示，全海軍希望米內出任東條內閣的海軍大臣，對於廣田是否要他入閣不得而知，但希望他能夠協助東條內閣。廣田完全沒有入閣的意願，大家的意見非常清楚，諸重臣將其寫成：「此時，改造內閣對於多難時局之前途毫無效果，需要的是能抓住全體國民人心，打開道路的強而有力國一致之內閣的誕生」，諸重臣之會談於九時許結束。

東條內閣之垮台

我帶著這一份大家意見的文書離開平沼邸，往訪位於赤坂的木戶邸。我對木戶說明剛才聚會的經過和情形，木戶並不反對更換內閣，我便帶去意見書，考慮可能要上奏，因此我們兩個人又修改文字後交給木戶，木戶從前說的所謂「輿論」，至此實現了。從決心要東條下台，以打開國難之新局面，經過了一年多的時間。

東條雖然隨意動用憲兵在監視對自己不利的人們之行動，但對於這一次諸重臣之聚會，似乎完全不知道。東條得知重臣有這樣的意見，並將意見帶去給木戶，似乎是十八日早晨的事，至此東條已經動彈不得，終於「鞠躬下台」。我本來是想令米內入閣，希望他扮演打開局面的角色，卻因東條意圖改組內閣，變成內閣之辭職。

該日早上，東條為上奏辭職求見天皇，與木戶見面時，木戶問東條對於後繼內閣有何意見，據稱東條說：「此次政變是重臣動了結果，你問重臣好了。」

重臣會議舉行於黃昏，我以最能體念陛下之心情者最好，乃推薦在天皇身邊之內大臣木戶首相候選人，但大家以為應該先定一個原則，即由陸軍還是海軍出任首相，……結果決定由陸軍推出人選，而出現了幾個候選人。近衛也表示了許多意見，這一定是他對於中日事變以來自己馬馬虎虎的政治做法思考的結果，我覺得近衛對於收拾時局有在認真思索。最後以如下順序提出了候選人：第一是寺內壽一大將，第二為畑俊六大將，兩個人都是現役，都負有重要責任和任務，因此另外提出預備的第三個人選小磯國昭朝鮮總督。如果小磯不行，將由海軍的米內出馬，因現役的兩個人，要從現地調回來有困難，因此決定由第三個人選的小磯組閣。我以為東條以外的人出來的話，自然對戰爭會有所批判，但小磯只是在升官而已，當時之首相雖然是小磯，但天皇下命組閣的對象是小磯和米內兩個人，提出米內應該是木戶意向，我認為那時米內在心中已經在想結束戰爭。

米內之恢復現役實現於此時，末次部分卻沒有下文，好像被擱置了。軍令部總長召集官也可以出任，因此有人建議米內以召集的方式用末次，但米內似乎未予同意，米內可能認為末次這樣性格的人，對於他自己所想收拾戰局有害所致。

此時有人主張派特使去蘇聯，這是九月間的事，這不是為結束戰爭，而是想阻止蘇聯之參戰，同時如果可能，似想請蘇聯仲介美英國對日本的戰爭。小磯壓住外務省的反對，給駐蘇大使佐藤尚武打了電報，佐藤於是向英羅托夫試探日本擬派遣特使來蘇聯事，英羅托夫說：「貴國和我們之間目前沒有派特使的需要。本官不是在相信官，貴國外務大臣不是在相信馬立克嗎？」

英羅托夫拒絕的佐藤的提議，據稱同時這樣表示：「現在我想起英國哲學家的一句話：『萬物會變。』……」

十一、努力到結束戰爭的人們

在琉球大戰中辭職

美軍占領塞班島之後，戰局迅速惡化，在塞班島建設B29的基地之後，日本本土必將天天遭受轟炸。東條在各地拼命挖防空洞，女子小孩都往鄉下疏散。戰爭已經到了最後階段。那時在我心中想的是陛下的事，重臣之見到陛下的機會幾乎沒有了，除內閣、軍之負責人以外，陛下都不再聽別人的意見，這在前面已經說過，陛下對於政治、軍事上之事，除其負責人以外都不聽的，但我覺得在這樣非常時期，最好還是能將重臣之想法上聞天皇，並與木戶商議此事。

木戶表示同意，並答應上奏，於是實現了破例的單獨召見。

記得第一位晉見的是若槻氏，下來是近衛，我大概是最後的一個。國土未被徹底破壞以前結束戰爭最為重要，因為諸重臣心中想的多是結束戰爭，我委婉地建議結束戰爭。

一九四四年十月開始的菲律賓戰爭，即至隔年年初美軍登陸呂宋島，戰局限於絕望，B29

之轟炸日本本土日益激烈，房子被燒，無處可去的國民非常之多；美軍分別於二月十九日和四月一日進攻硫礦島和琉球本島，在這期間，束手無策的小磯內閣，終於開始琉球戰爭時，四月五日那天提出辭職。這樣小磯恢復現役，想兼任陸軍大臣，陸軍好像沒有把戰爭之真正情形告訴小磯，因為手上沒有情報，對於戰爭無策可施，所以想兼任陸相。

米內大概覺得和小磯在一起很難工作，小磯對於陸軍要求要兼任陸相，但遭受陸軍拒絕，陸相杉山元說要去擔任第一總軍司令官，提出辭職，同時並表示不推薦後任，因此內閣只有倒台。

鈴木貫太郎組閣

我覺得這一次，我一定要把鈴木貫太郎拉出來，以做最後的決斷。東條內閣辭職時，我曾經想以鈴木為其後任，我曾與其私下談此事，但他絕肯不接受。鈴木曾任海軍次官，從那個時候他就不喜歡碰政治，他表示：「我不想和政治發生關係，從前好幾次有出任海軍大臣的機會，但我知道我的性格不宜弄政治。」但最近好像覺得有必要出馬的氣氛，因此在重臣會議席上，我推薦了鈴木。平沼也極力支持鈴木，其他人也都贊成，因此天皇命令鈴木組閣，麻煩的是，因鈴木毫不關心政治，故應該如何組閣，在試務工作上完全不清楚，他打電話給我說希望我做軍需大臣。要我做軍需大臣，這實在太離譜了，我擔心他這樣搞不知道會出現怎樣的內閣，於是我遂去組閣本部。

我去一看，他身邊的人連電話都不太會打，於是我叫迫水過來幫忙，我想令迫水做他的書記官長，據說天皇下命之前，有一個竹內者，自告奮勇要做鈴木內閣的書記官長，竹內起擬好了閣員的候選人名簿。

竹內是平沼派系的著名人物，不過此時平沼表示：「下一個內閣，我們彼此不要推薦親信好不好？」暗中我不要推出迫水。我說：「這是鈴木決定的，跟我無關。」米內擬也反對迫水，出任陸相的阿南（帷幾）被徵求意見時，首先問說：「書記官長是誰？」鈴木回答說：「是迫水。」據說，阿南說：「好吧，如果有人提出其他人選，請事先徵得陸軍之同意」，因而決定了迫水。由於這種原因，鈴木內閣被報紙導說是岡田內閣。

陸軍變乖了

鈴木邀請了下村海南、米內、阿南，據說想請勝田主計出任大藏大臣，但勝田推薦了女婿玄瀨豐作；鈴木希望廣田出任外務大臣，但廣田推薦東鄉茂德，據說東鄉對於鈴木提出結束戰爭為前提才出任，最後因相信鈴木而答允。

一般來說，陸軍反對鈴木內閣，因為鈴木和陸軍一直沒有任何接觸，只有阿南擔任侍從武官在皇宮時，認識侍從長的鈴木，擬信賴鈴木。

與成立鈴木內閣之同時，為詳細和正確知道情報，便開始蒐集各種資料，為此綜合計劃局長管的秋勇中將擬盡了很大的力量。隨洞悉全盤情勢的鈴木，擬逐漸形成應該結束戰爭的想法，並從四月底左右，開始尋求這樣的機會。

成立鈴木內閣以後，一直為所欲的陸軍，突然變乖起來，使我覺得很意外。不過仔細一想，也不算是什麼意外，因為陸軍本身在實際上也失信了自信，在琉球之戰，毫無用武之地，剩下的只有本土決戰，對此也沒有信心，只是在嘴巴上說絕對不能輸而已，所以鈴木也沒有什麼用，完全沒有掌控局面的自信，因為這樣，陸軍才那麼乖起來。

義勇隊要以竹槍為武器

四月十三日早晨，我的房子被燒掉了，因為深更半夜的轟炸，四谷一帶成為火海，從儲藏避難所出來一看，角筈很危險，淀橋警察署（分局）替我準備汽車，要我暫時避難於新宿御苑，然後前往千駄谷之松平邸，於是我變成只有身體以外什麼也沒有的人。天亮一看，到處都避難人民。

有國民才有國家，有生活才有國民，想到這裡我實在沒有什麼話可說，我自己還算幸運，我有一個同鄉山崎榮一，據說東京地震紀念日時他分金錢和物品給窮人，我擔任首相時聽到此事才與他認識，他說他在世田谷有房子，願意借給我住，就這樣我找到了住的地方。從那一天以後，轟炸愈來愈厲害，為了因應即使國土被分割之後仍然能夠推動行政，在各地方設立總監部，為迎接本土之決戰，有人主張要創設義勇隊，也就是所謂民兵。

關於義勇隊，小磯內閣時就在討論，但鈴木似乎不喜歡搞這樣的東西，鈴木本來就不欣賞所謂大政翼贊會，從近衛以來其總裁由首相出任，但鈴木就沒有就任。義勇隊是解散翼贊會，取代他的組織，但到底要給義勇隊何種武器，鈴木要求陸軍給他看看。陸軍在首相官邸拿出來的東西，反而帶來了反效果。拿來的步槍是從槍頭前面的小袋子放進去包好的火藥，然後把鉛或鐵的圓棒截斷像飴切成片，將其一片放進去，這樣把它射出去。還有竹槍、鋼叉、箭……據稱箭的說明云：「射程大約三十公尺，命中率，中等射擊者六成。」此外似乎還有手榴彈，諸閣員看了這些，只有啞口無言，大家似都覺得非結束戰爭不可。

決定和平之方向

因為國內日漸混亂，故很難召開國會，因此主張要授予政府全權。這有兩個方法，一個是根據憲法第三十條規定，由天皇發動分常大權，或召開國會，由國會委任政府一切，如果依第三十三條，一切將是天皇的責任，但最好召開臨時國會。

米內有米內的想法，據稱他出席國會時，認為鼓舞國民士氣，政府非說逞強的話不可，但說逞強的話結果是不能收拾局面，那樣也不行。

不過在召開臨時國會之前舉行了大本營最高戰爭指導會議，為其決議文，政府和陸軍曾爭執不下，其主旨說「保衛皇土，獲特國體，完成（原之為完遂）大東亞戰爭」，陸軍中逞強者，據說主張插進去「絕對要繼續戰爭，不考慮和平」的文字。政府當時不方便正面說和平，但總是要留些餘地，爭執結果寫成能解釋為：「保衛皇土，在能護國體範圍內要完成大東亞戰爭。」這是在御前會議決定的，當時做為參考所念的是給予已經無法繼續戰爭的資料。據稱，六月二十三日，天皇召集了最高戰爭指導會議成員說：「現在好像在準備本土的決戰，這當然必須準備，但也要設法早日結束戰爭。」

我聽到這一句話非常感激，因為陛下說了我想講而不能公開講的話，我覺得，這樣一來鈴木就好做了。如此這般決定了和平的方向。

在御前會議做了最後決定

和平的方法大致有四個。第一是派近衛去蘇聯請其仲介，第二是直接和美國交涉，第三是由皇室打電話給英國王室，第四是以蔣介石為仲介。東鄉不贊成蘇聯之仲介，他主張乾脆直接找美國談。首先想請蘇聯時，近衛躊躇了，因此天皇召見近衛提醒簽訂三國同盟時近衛發誓的話，近衛才決心去蘇聯，在交涉派遣特使時開始了波茨坦會議，蘇方說會議之後回答，政府正在觀察局勢時發表了波茨坦宣言。

波茨坦宣言承認日本。我覺得既然這樣，日本有還我新生之餘地，閣員之中也有和我做同樣的想法之人。

蘇聯一直沒有回信，八月六日，第一顆原子彈落於廣島，陸軍欲否定其為原子彈，但事實還是事實。

幾乎與其同時，蘇聯對日本宣戰，這樣一來，日本完全完了。鈴木欲實現其決心的時機到了，九日一早，鈴木進宮，由天皇召見，繼而在官邸舉行內閣會議，從半夜十一時五十分以後，在皇宮地下室舉行御前會議。

出席會議主以為鈴木為首，有米內海軍、阿南陸軍、東鄉外務等各大臣，梅津參謀總長、豐田軍令部總長等最高戰爭指導會議成員，以及平沼樞密院議長、吉積、保科陸、海軍軍務局長、池田內閣綜合計劃局長官、迫水內閣書記官長等……，我一直擔心這個會議。陸軍之中雖然有許多對戰爭之前途失去信心的人，但有不少人想幹死路一條的本土決戰，結果戰爭之時期雖然到了，但真正要實行談何容易。

我一個人坐在房間等著迫水的消息。會議到底做了怎樣的結論，想到這裡我便上不了床，夜已經很深了，快黎明了，外邊響來了汽車聲音，迫水出現於大門口。他說決定結束戰爭，我一邊聽他的報告，一邊不斷地流眼淚，陛下也必然極為心痛，我想到陛下之心痛，便無法停止流淚，但這是極為難得決斷，日本有得救了。東鄉、平沼、米內之和平論，梅津、豐田、阿南之繼續戰爭論的對立據說極為激烈，但陛下貫徹了其信念。

阿南絕不是只主張戰爭的人，我覺得他心中贊成鈴木的終戰說，惟做為代表非常主張戰爭的陸軍大臣，要令陸軍不陷於混亂而能結束戰爭，必須堅持繼續戰爭的立場。我實在很同情他。

天皇之決斷

於是透過瑞士等中立國家轉告盟邦，發出有意接受波茨坦宣言之電報。一切都完了，日本接受波茨坦宣言的條件是，不改變國體，對此盟邦回答：「日本國最後的政治形態，將由日本國民自由表達之意志決定。」平沼等以天皇之地位為神性的，堅持不是國民之意志所能決定，使鈴木和東鄉非常為難，但天皇既已決定，就不必擔心。十二日，內閣邀請重臣，我也出席了，由鈴木說明之後，又晉見了天皇。

這個會議，東條和小磯也出席，對於要結束戰爭，兩個人似有不同意見，惟因天皇說了很重的話，所以似乎都同意了。他們兩個人不相信贏不了這個戰爭，真是可惜之至，他倆似為很好強的人，具有非常愛排斥討厭別人之性格的人，大有會發動戰爭的完顯性，因此天皇在會議開頭便說：「我不在乎自己的任何遭遇」，同時又說：「我不忍人看到國民再苦下去，我決定接受波茨坦宣言」，並問每一個人的意見。我只說同意陛下之決斷，又想像陛下將來之辛勞，自責我們這些人之不逮。

最後之掙扎

關於陛下之人格，是不待煩言的。天皇沒有喜歡或討厭的性格，我們幾乎不知道，陛下到底是不是有慾望般地清純不偏的人品。戰後聽說過侍從曾經問天皇：「當時如果鈴木內閣決定要繼續戰爭，請裁決時陛下會怎麼辦？」陛下回答說：「即時和我的想法不一樣，我還是會予以核可。」這是尊重責任內閣的立場。著實如鈴木所說，開戰當時東條如果體會天皇之想法，日本之歷史必將走上不同的道路。

八月十三日，盟邦來了正式的回答，因而開一整天內閣會議，惟因陸軍想推翻要結束戰爭之決定，而得不出結論，於是十四日在皇宮舉行了史無前例之由天皇召集的會議，出席者全體閣員，兩總長和平沼樞密院議長。阿南、梅津、豐田主張，這樣接受波茨坦宣言太過於草率，又因為天皇明確的話而抑住了繼續戰爭論。據說天皇戴白手套，擦著臉頰。詔書好像從十日晚上就在草，擬八月十四日下午十一時是正式公布詔書的時間，因此戰爭可以說結束於此時，十五日中午，我及全體家人於座談間，把雙上放在塌塌米上恭聽天皇之廣播，又流下眼淚。

十五日上午，在東京市內，主戰爭分子發動很激烈的反對運動，據說在銀座貼出「打倒巴特里奧」的紙條，海軍的飛機也撒了傳單，傳單據稱寫著鈴木、近衛、我等巴特里奧該殺。在其前一天晚上黎明，暴徒襲擊了首相官邸，知道鈴木不在官邸，使改往位於小石川丸山町之私邸，鈴木接到官邸之聯絡離開私邸，故沒有發生什麼事，但私邸被放火；更慌恐的是，皇宮前一天半夜，曾發出指令動用軍隊，意圖搶奪天皇之廣播錄音片。

至於我的家則是來了三十名左右的警察從事保護，但這些暴徒好像不知道我搬到這裡。或許是因為這樣，社會慢慢走向安定了。

和平而乾淨的日本

以後，除正式的拜謁之外，我沒有再見過天皇，但報端看到天皇精神很好我就心安理得。戰爭結束的隔年，迫水單獨拜謁談改年制之事情時，據說天皇問：「岡田還好吧。」一九四七年，天皇送我鳩杖（拐杖），天長節（昭和天皇生日—譯者）等出門時拿這一支拐杖進宮是我覺得最高興的事，因為這一支拐杖很大，好像是帶著旗子那樣。

這樣我回顧過去，只有慚愧自己力量單薄，我覺得這個世界的一切都是因緣的和合，不是一兩人所能為力，我想時間會解決一切，不能逞強，這是我的信條。我想這樣的事，我也不去強行，時機成熟了，我才會以自己想法去做。我這種做法，可能會受到社會的批判，我從青年時後就尊敬橋本左內，我很想學他的處世方法，可能在不知不覺之中受到了他的影響，但回憶過去自己的事，不是愉快的事。

組閣當時，由於日本正往危險的方向，所以西園寺氏希望我能安善處理，但開始著手，陸軍之政治勢力愈來愈強大，我想不要和它衝突，慢慢把它拉到我所想的方向，反而被他們衝倒。我想日本打不過美國，而欲拼命阻止與美國的戰爭，親信憂國者卻想阻止美國的開戰，但重臣在實際上並沒有什麼權限，只有旁觀內閣之所做和所為。雖然很著急，這樣說或許是一種自我辯解，開戰前如果有非常有魄力的政治家壓住陸軍，陸軍也許會出廢止天皇之地位也說不定；若是，日本將分成兩個國家。雖然戰敗，但國家還是一個，這是值得安慰的。

因鈴木和米內之努力，順利結束了戰爭，但國土被破壞得慘不忍睹，老衰之身怨恨不能恢復其青春。

對於今日日本做如何看法，我想不說也罷，我盼望日本能成為像陛下人品那樣和平而乾淨的國度。

岡田啟介年譜

年分	年齡	履歷	國內情勢	國際情勢
明治元年 一八六八		一月一十日出生，為福井士剛岡田喜藤太，波留之長子。	一月三日，鳥羽優見之戰，三月十四日，公布五條之誓之，七月十七日，江戶改名東京，九月八日改元明治。	三月，俄國併吞波蘭。
明治二年 一八六九	1		五月，函館戰爭，榎本武揚投降， 六月十七日，請藩奉還服籍。	十一月，蘇黎士運河開道。
明治三年 一八七〇	2		九月十八日，首次規定從大佐治少尉的六階級陸海軍官階。規定士族、卒、平民之卒稱。	七月十一日，爆發普、法戰爭。
明治四年 一八七一	3		四月十四日，廢除藩置縣。	一月，巴黎開戰，簽訂普法停戰條約。
明治五年 一八七二	4		八月二日，頒布學制，九月十二日，新橋橫濱間鐵路開通，十一月舊日，採用陽曆。	
明治六年 一八七三	5		一月十日，公布徵兵。 二月十七日，設立海軍省。	
明治七年 一八七四	6	春天，在櫻馬場內落校就緒，五月，成立旭學並轉學該校。	一月九日，制定海軍制服。二月，經彭新平等在佐賀叛亂。四月四日西御從道征討台灣。	十月，德國、俄國、奧地利三帝國締結同盟。

明治八年 一八七五	7		五月七日，簽千島庫頁島交換條約。九月二十日，發生江華島事件。	一月，光緒帝即位。
明治九年 一八七六	8		十月，神風連文變。秋天，發生萩之亂。	
明治十年 一八七七	9		二月十五日，發生西南戰爭。九月二十四日，西鄉隆盛自殺，西南戰爭結束。	四月二十四日，爆發俄國、土耳其戰爭。
明治十一年 一八七八	10		八月，近衛兵叛亂（竹橋騷動）。	三月，簽訂聖安迪法諾條約，俄土戰爭結束。
明治十二年 一八七九	11	在日置塾學習英語和教學。	七月四日，美國總統格蘭特來日本。	八月，設立巴拿馬運河。十月，德奧同盟。
明治十三年 一八八〇	12	五月，明新中學。	四月五日，成立集會條約。	十二月，俄國遠征中亞。
明治十四年 一八八一	13	十月十二日，下詔將於明治二十三年（一八九〇年）開設國會。		
明治十五年 一八八二	14	一月十六日，明新中學成為縣立福井中學。	一月十七日，下賜軍人勅諭。	五月，德國、義大利、奧地利三國締結同盟。

明治十六年 一八八三	15			一月，英國在埃及確立統治權。
明治十七年 一八八四	16	九月，畢業井中學。	十二月，朝鮮發生甲申事變。	
明治十八年 一八八五	17	一月，到東京，進神田共立學校。在本鄉有斐學校學德文。轉入水川町私熟學英文。十月，考海軍兵學校。十二月一日，進兵學校。	一月簽訂日韓好條約。四月十八日，簽天津條約。九月二十九日，設立日本郵船公司。十二月二十二日，創設內閣官制，伊藤博文組閣。	十一月，德國占領馬紹爾群島。十二月，法國以馬達加斯加為保護領。
明治十九年 一八八六	18		一月，廢止台，創設六個師團。四月，公布海軍條例，和鎮守府官制。	一月，英國倂吞上緬甸
明治二十年 一八八七	19	三月，下詔海防整備。		
明治二十一年 一八八八	20	八月，放假回家途中登富士山。	四月十七日，公布市制町村制。 四月三十日，黑田清隆組閣。 八月一日，海軍兵學校遷至江田島。	六月，德國皇帝威廉三世即位。十一月，丁汝昌出任清國北洋艦隊提督。

明治二十二年 一八八九	21	四月二十日，海軍兵學校畢業。海軍少尉候補生。分配於金剛航海制夏威夷方面。	二月十一日，制定日本帝國憲法及皇室典範。十月七日，制定軍艦旗。十月二十五日，三條十組閣。十月二十四日，山縣有朋組閣。	
明治二十三年 一八九〇	22	三月十四日，奉命分配於浪速。七月九日，海軍少尉。	七月一日，第一屆眾議院議員選舉。十月三十一日頒布教育勅語。十一月二十五日，召開第一屆帝國議會。	
明治二十四年 一八九一	23		五月六日，松方正義組閣。五月，德國皇太子在大津被津田三藏刺傷。	四月一日，巴西成立聯邦。五月三十一日，俄國、西伯利亞鐵路開工，六月，清國北洋艦隊巡航日本。
明治二十五年 一八九二	24	十二月二十一日，入學海軍大學校丙號學生班。	八月八日，成立第二次伊藤內閣。	
明治二十五年 一八九三	25	十一月十九日，海軍大學按丙號學生課程畢業，因學術優秀，賜雙眼鏡一個。	二月十日，下詔文官薪水十分之一製艦費。	一月十七日，夏威夷發生革命，美國陸戰隊為保護僑民登陸夏威夷，建立臨時政府。七月，法國國會通過擴軍按。

明治二十七年 一八九四	26	橫濱賀鎮府代理海兵團分隊長。六月六日，代理浪速分隊長。十二月九日，海軍大尉。	六月五日，朝鮮發生東學黨之亂，清國和日本相繼出兵，七月三十五日，豐島海面海戰，八月一日，日本對清國宣戰，九月十七日，黃海海戰。	十月，發生特列費斯事件（法國）。
明治二十八年 一八九五	27	二月二十日，任對馬水雷設部分隊長。	四月十七日，與清國簽訂馬關條約，四月二十三日，三國干涉。十月十日，下詔歸還遼東半島。	二月，古巴發生叛亂，美國協助叛軍，美國和西班牙關係惡化。
明治二十九年 一八九六	28	十二月二十六日，任比叡分隊長。	八月三十一日，成立第二次黑田內閣。九月二十八日，第二次松方內閣降世。	認古巴叛軍。八月，法國併吞馬達加斯加。
明治三十年 一八九七	29	四月十三日，航海至夏威夷等十一月五日任富士分隊長。	三月二十九日，公布貨幣法（全本位）。	四月十七日，土耳其對希臘宣戰，六月十六日，美國簽訂合併夏威夷條約。
明治三十一年 一八九八	30	四月二十九日，入學大學校將校科乙種，十二月十九日，海軍大學校水雷術專科教程修業，學術優等獲賜銀鐘錶，任海軍水	一月十二日，成立第三次伊藤內閣，同日，設立元帥府。六月二十二日，進步、自由兩黨合併組織黨政黨，大隈重信首次組織正島內閣。（板限內閣）。十一月八日，成立第二次山縣內閣。	二月，在哈瓦那港美艦梅茵沉沒，美國向清國租界膠州灣，俄國租借關東州。四月十一日，美國承認古巴獨立。四月二十四日，發生美西戰爭。七月，英國租借威海衛，八

		雷術練習所。		月，美國占領夏威夷。十二月，在巴黎美、西班牙簽定和平條約。
明治三十二年 一八九九	31	三月二十一日，進海軍大學校甲種學生班，九月二十九日，任海軍少佐。	五月，確立陸海軍大臣現役大中將制。	三月十七日，西班牙放棄古巴。六月德國取得馬里亞那群島等。九月，清國山東省產生義和團，提倡扶清滅洋。十一月二日，發生南阿戰爭（波亞戰爭）。十一月，法國租借廣州灣。
明治三十三年 一九〇〇	32		六月十五日，決定對義和團事件出兵。九月十五日，伊藤博文組織立憲政友會。十月十九日，成立第四次伊藤內閣。	五月二十一日，清國對列國宣戰。八月十五日，列國軍隊進北京。十一月一日，清國和列國簽訂辛丑條約。
明治三十四年 一九〇一	33	五月二十四日，畢業海軍大學嘉塚學生課程。五月二十五日，和川住佛沙多（佛沙多唯一片假名音譯）結	四月二十九日皇孫（後來之昭和天皇）降世。六月二日，桂友太郎組閣。	一月一日，成立奧大利亞聯邦。

		婚。六月七日任軍令部第三局局員兼海軍大學校教官。		
明治三十五年 一九〇二	34		一月三十日，簽訂日英同盟。七月三十三日，南島主權決定屬於日本。	一月，西伯利亞鐵路開通。五月二十日，成立古巴共和國。五月三十日，南阿戰爭結束。
明治三十六年 一九〇三	35	七月七日，代理千歲副艦長。十月五日，千歲副艦長。因右胸膜炎而療養。	五月三十日，眾議院通過擴張張海軍案（六六艦隊）。十二月二十六日，從阿根廷購買在義大利建造的巡洋艦二艘（日進和春日）。	十一月三日，巴拿馬獨立。十一月六日，美國承認巴拿馬共和國。十一月十八日，美國永久租借巴拿馬運河地帶。
明治三十七年 一九〇四	36	二月八日，任千歲副艦長。三月八日，任佐世保捕獲審檢所評定官。四月二十一日，八重山列艦長。七月十三日，海軍中佐。	二月六日，與俄國斷絕邦交。三十三日，簽訂日韓議定書（攻守同盟）五月十日，在倫敦募集公債，八月十日，黃海海戰。	

年份	年齡	個人	日本	世界
明治三十八年 一九〇五	37	任千歲副艦長。四月五日，春日副艦隊長。十二月二十日，朝日副艦長。	一月一日，攻陷旅岐。三月十日，瀋陽會戰。五月二十七日，日本海海戰。八月十五日，日英同盟，擴大為攻守同盟。九月五日，簽訂日俄樸茨茅斯條約。十一月十七日，日本併呑朝鮮。	一月，美國對歐洲各國主張中國之開啟門戶，和領土之完整。
明治三十九年 一九〇六	38	五月十日，任海軍水雷術練習所教官間海軍大學校教官。	一月七日，西園寺公望組閣。十一月二十六日，設立南滿鐵路公司（簡稱滿鐵）。	一月，為保衛摩洛哥，列國在阿爾西赫拉斯召開會議。三月六日，德國通過擴軍案。英國和德國之建艦競爭日益激烈。八月，美國鐵路王哈里曼，和桂首相簽買收滿鐵預備契約，因小村外相反對而停止契約。
明治四十年 一九〇七	39		七月二十四日，簽訂日韓協約（韓國內政要受日本監督）。九月十八日，修改陸軍管區（由十二個師團增至十九師團）。	三月十四日，美國參眾兩院，通過限制日本之移民。十月十四日，舊金山發生排日暴動。

明治四十一年 一九〇八	40	三月四日，長子貞外茂出生。九月二十一日，海軍大佐，九月二十五日，任海軍水雷學校技長。	一月十六日，日美軍子協定（限制移民）。七月十四日，成立第二次桂內閣。十月十三日，日美成立中國之開放門戶和機會均等之協約（高平、特協約）。	十月七日，奧地利合併波斯尼亞，赫爾茲維那，十二月二日，清國皇帝溥儀即位（宣統帝）。十二月四日，開始召開倫敦國際海軍會議。
明治四十二年 一九〇九	41		十月二十六日，伊藤博文被韓國人安重根暗殺。	九月二十日，在南非成立南非聯邦。十一月十一日，美國決定以夏威夷珍珠港為海軍根據地。十二月，國務卿諾克斯提議滿鐵之中立案，因被日俄反對沒有成交。
明治四十三年 一九〇八	42	二月四日，次女萬龜出生。七月二十五日，任春日艦長。十二月三十日妻佛沙去世。	六月一日，幸德秋水等被逮捕（大逆事件）。七月，日俄簽訂第二次修好協約（以共同防止美國插足東洋為目的）。八月二十九日，併吞韓國。將還國改為朝鮮。	四月，汪精衛狙擊攝政王失敗。七月一日，英國併吞南非聯邦。
明治四十四年 一九〇八	43	一月十六日任海軍省人事局員。二月一日，父親喜藤太去世。	七月十日，更新日英同盟協約（解除軍義務）。八月三十日，成立第二次西園寺內閣。十月二十五日，片山潛組織社會黨，兩天後被禁止。	一月一日，清國國號改為中華民國，孫中山就任臨時大總統。十月十七日，巴爾幹聯盟對土耳其宣戰

年份	年齡	本人事蹟	日本大事	世界大事
			十一月十六日，為保護北京日僑聲明要出兵。	（第一次巴爾幹戰爭）。十二月十七日，巴爾幹聯盟與土耳其締結停戰條約。
明治四十五年 一九〇八	44	五月，與迫水郁結婚。任鹿兒島艦長。	七月，明治天皇崩駕。改元大正。九月十三日，乃木希典殉死。十二月二日，因陸軍反對師二們師團，西園寺內閣辭職。十二月二十一日，成立第三次桂內閣。	七月八日，第二次發生摩洛哥事件。九月二十八日，發生義大利、土耳其戰爭。十月九日，清國發生武昌革命。
大正二年 一九一三	45	十二月一日，任海軍少將。任佐世保海軍工廠造兵部長。	二月十日國會停止開會，在東京，反對桂內閣民眾騷亂，燒打報社，出動軍隊鎮壓。二月二十日，山本權兵衛組閣。六月，廢止軍部大臣現役制。十月五日，獲得滿蒙五鐵路建設權。十月六日，承認中華民國。	六月二十九日，因為領土問題，巴爾幹諸國，和布加利亞開戰，開始第二次巴爾幹戰爭。七月三十日，德國通過海軍擴軍案。英國以對德國海軍十六成立目標，由之英德建艦競爭激烈化。八月八日，孫中山亡命日本。八月六日，巴爾幹諸國簽訂辛和條約。十月六日，袁世凱當選中華民國第一任總統。

大正三年 一九一四	46	八月十六日，任第二戰隊司令官。八月三十日，三女喜美子出生。十二月一日，任第一水雷戰隊司令官。	一月三十日，眾議院暴露西斯事件，陷於大混亂。二月五日，舉行根絕藩閥，肅清海軍之擁護憲政大會。四月十六日，成立第二次大隈內閣。八月二十三日對德宣戰。八月二十七日，宣布封鎖膠州灣。九月二日，日軍登陸山東，十一月七日，占領青島。	四月十八日，發生美國、墨西哥戰爭。五月二十九日，美墨成立議和。六月二十七日，奧地利皇太子被塞爾維亞青年暗殺。七月二十四日，奧地利對塞爾維亞發出最後通牒，發生第一次世界大戰。八月十五日巴拿馬運河開通。十一月九日，德艦耶姆典被擊沉。十二月二十七日，英國以埃及為保護領。
大正四年 一九一五	47	四月一日，任第三水雷戰對司令官。十月一日，任海軍技術本部第二部長兼第三部長。時按月十三日任海軍省人事局長。	一月十八日，對中國提出二十一條要求。三月二十二日，中國接受要求中的五條。五月六日，對中國發出最後通牒，五月九日，中國全部接受日本之要求。	一月十九日，德國抗議美國對盟邦輸出武器。十月二十八日，日英俄三國建議袁世凱延期帝政。十月十九日，美國承認墨西哥革命政府。十一月，捷克斯洛伐克宣步獨立。

大正五年 一九一六	48		七月三日，俄簽訂新協約（互相承認在中國的特權）。八月十三日，在鄭家屯中國軍攻擊日本守備對。十月九日，寺內正毅組閣。十月十日，成立憲政會，加藤高明出任總理。	三月十五日，美軍侵入墨西哥。墨西哥總統提抗議。五月三十一日，傑特蘭特海面，英德大海戰。六月六日，袁世凱去世。六月八日，黎元洪就任中華民國大總統。十一月五日，波蘭獨立。十二月十二日，德國皇帝提議媾和。十二月二十日，美國總統威爾遜提議和平交涉。
大正六年 一九一七	49	一月十五日，次男貞寬出生。十二月一日，海軍中將，任佐世寶海軍工廠廠長。	三月二十八日，承認俄國第一次革命政府。九月十二日，禁止革命政府。九月十二日，禁止輸出黃金。	二月三日，美國對德對交。三月八日，在俄國彼得堡發生革命暴動。俄帝居克發二世退位。克倫斯基臨時政府降世。四月六日，美國對德宣戰。五月十四日，俄國宣布共和制。十一月八日，克倫斯基被迫下台，由列寧就任人民委員會議長。

大正七年 一九一八	50	九月十日，長女田鶴去世。十月十八日，任海軍艦政局長。	八月三日，富山縣發生搶米事件，波及各地。八月十七日，出兵西伯利亞。九月六日，承認捷克斯洛伐克之獨立。九月二十九日元，原敬組閣。十一月十一日，盟邦在康比那約紐和德國遷併停戰條約。	一月八日，美國總統威爾遜發表媾和條件十四條。按月十日，俄國宣布停止戰爭狀態。三月三日，俄國社會民主勞工黨改名俄國共產黨。七月八日，日英美中四國宣布防衛海參崴。九月四日，徐世昌當選中華民國大總統。十月六日，德國、奧地利、土耳其三國向美國總統提議停戰。十一月十二日，德國帝國崩潰，宣布共和制。
大正八年 一九一九	51		三月一日，朝鮮發生獨立運動（三・一萬歲事件）。五月十七日，聲明要歸還山東。六月二十八日和法國簽訂媾和條約。九月十日，與奧地利簽屬媾和條約。十一月二十四日，日本勞動黨降世。	三月二十三日，在義大利，墨索里尼、法西斯黨成立。五月四日，北京發生排日暴動（五四運動）。六月二十八日，簽訂國聯規約。七月八日，英國以波斯為保護領。

大正九年 一九二〇	52	十月一日，任海軍艦政本部長兼海軍將官會議議員。	一月十日，公布和平條約。三月十二日，在俄領設海州游擊隊屠殺日本人（尼克拉斯克事件）。四月二十二日，為守備沿海出兵。五月三十一日，戰艦陸奧進水。六月十日，決定繼續日英同盟。七月十五日，政府對中國發表不干涉內政主義。七月十七日，發表委任統治南洋宣言。	一月十日，國際聯盟正式成立。二月二十五日，在德國希特勒之國粹社會黨降世。三月九日，美國參議院否決國際聯盟。五月十日，土耳其成立凱馬爾，巴夏政府。六月，孫中山抗議日本之對中國政策。十一月三日，美國加州議會通過排日土地法案。
大正十年 一九二一	53		一月二十九日，廢棄日華軍事協定。十一月四日，首相原敬在東京車站被暗殺。十一月十二日，全權代表德川家達，如藤友三即參加華盛頓裁軍會議。十一月十三日，高橋是清組閣。十二月十三日，簽訂日美英法四國條約。	五月五日，中國廣東政治，孫中山就任非常大總統。八月二十四日，美國和德國簽訂合約。十二月十五日，日英法三國簽訂軍事協定。

大正十一年 一九二二	54	一月十六日，四女不二子出生。一月二十五日，海軍次官警出讓治生病代理海軍次官。	六月十二日，加藤友三郎組閣。 八月十五日，陸軍發表第一次裁軍小異動。 十一月三十日，簽訂日華歸還山東協定。	二月六日，在華盛頓成立海軍條約對中國之九國公約。 二月十八日，英國宣布埃及為獨立國家。 五月十二日，張作霖宣布東三省獨立。 十月二十六日，義大利法西斯分子進軍羅馬，獲得政權。 十一月十四日，美國最高法院宣告禁止日本人歸化。 十二月三十日，俄國宣布建立蘇維埃共和國聯邦。
大正十二年 一九二三	55	五月二十五日，任海軍次官。 十二月三日，四女不二子去世。 十二月二十三日，出差中國及西伯利亞。	二月十四日，拒絕中國政府要求廢除三十一條條約。八月二十六日，首相加藤友三郎去世。 九月一日，關東大震災，宣布戒嚴。 九月二日，成立第二次山本內閣。 十二月二十七日，發生虎之門事件，	七月十四日，簽訂洛桑條約（盟邦害土耳其媾和）。 八月二日，美國總統哈丁去世，柯立蘭升任。德國馬克大跌。 十月十日，曹錕就任中華

	大正十三年 一九二四
	56
	六月十一日，任海軍大將。軍事參議官。 十二月一日，任第一艦隊司令長官兼聯合艦隊司令長官。
山本內閣倒台。	一月七日，清浦奎吾組閣。 一月二十九日，成立政友本黨。成立護憲三派聯盟。 五月組織國本社，平沼騏一郎出任會長。 六月十一日，加藤高明組織護憲三派內閣。 九月二十二日，外相幣原喜重郎聲明不干涉中國內政。
民國大總統。 十月三十日土耳其宣布建立共和國，凱馬爾・巴夏就任總統。 十一月八日，希特勒、魯典多爾夫起事，被鎮壓下去。	一月二十日，國民黨舉行第一次全國代表大會，孫中山出任總理。採取共方針。 二月一日，英國承認蘇聯。 四月六日，義大利大選法西斯黨大勝。 七月一日，美國兩院通過排日移民法。 十一月二十四日，段祺瑞在北京就任執政。

大正十四年 一九二五	57		一月二十日，簽訂日蘇條約，承認蘇聯。 二月二十日，高田商會破產。 四月二十二日，公布治安維持法。 五月一日，陸軍廢止四個師團。 八月二日，成立帝按次加藤內閣。 九月五日，殷裁軍變更製艦計劃，決定補償民間公司之損失二千六百萬圓。	一月六日，義大利黨索里尼改組內閣，由法西斯黨任命全體閣員。 三月十二日，孫中山去世。 六月一日，成立反帝容共國民政府，汪精衛任主席。
大正十五年 （昭和元年） 一九二六	58	十二月十日，任橫濱鶴鎮守府司令長官兼海軍縣官會議議員。	一月三十日，若槻禮郎組閣。 十二月五日，成立社會民眾黨。安部磯雄任黨魁。 十二月二十五日，大正天皇崩駕，改元昭和。	一月十一日，張作霖宣布東三省之獨立。 三月十二日，中國國民革命軍在大沽炮擊日本驅逐艦。 三月二十日，蔣介石以廣東政變鎮壓國民黨左派及共產黨。 五月十八日，在華盛頓舉行裁軍準備會議。七月七日，蔣介石出任國民黨革命總司令，開始北閥。

昭和二年 一九二七	
59	
四月二十日，任海軍大臣。	
二月十七日，幣原外相在國會說明日華協調不干涉內政。三月十四日，因片岡財相失言，發生金融恐慌。四月二十日，因中義一組閣。六月一日，成立憲民政黨，濱口雄幸任總裁。六月二十七日，召開東方會議。七月八日，第一次出兵山東。	
一月四日，中國各地發生排英運動，英國出兵。三月八日，美國總統柯立芝建議日英美三國裁軍會議。三月二十四日，國民革命軍占領南京，發生對外國人暴行之南京事件。四月十八日，蔣介石盡力南京國民政府。五月二十七日，英國對蘇聯斷交。六月二十日，在日內瓦昭開日英美海軍裁軍會議。八月四日，因英美意見對立決裂。九月十日，瀋陽排日運動激烈化。十月四日，南京國民政府下令北伐。十一月二十四日，南京國民政府宣布不平等條約無效。十二月十五日年，南京政府對蘇聯斷交。	

昭和三年 一九二八	60	五月二十九日，波蘭政府贈「旭華利耶，維利吉密里達利」勳章。十一月三日，妻郁去世。	一月二十一日，解散眾議院。四月十九日，決定第二次出兵山東。五月三日，發生濟南事件。五月八日，第三次出兵山東。五月十八日，勸張作霖回去東北。六月四日，張作霖搭列車被炸。八月二十七日，簽訂巴黎非戰條約（凱洛格條約）。十一月十日，昭和天皇即位。十一月三十日，倫敦海軍裁軍會議，若槻禮次郎、財部彪全權代表由東京出發。	四月十三日，美國政府提議非戰條約。五月十一日，中國政府對日軍行動向國聯控訴。七月七日，國民政府發表廢除治外法權和不平等條約宣言。八月五日，國際聯盟承認中國國民政府。九月七日，中國南北妥協。十二月八日，義大利通過法西斯獨裁法案。
昭和四年 一九二九	61	七月二日，任軍事參議官。十二月一日，兼議定官。	一月二十二，鈴木貫太郎任侍從長，加藤寛治任軍令部長。六月三日，承認中國國民政府。七月一日，發表炸死張作霖事件有關人員之處分。七月三日，田中內閣倒台。濱口雄幸組閣。	一月十三日，排日運動日熾。三月二十四日，美國參議院通過海軍擴軍案。三月四日，胡佛就任美國總統。十月八日，英國邀請日本、美國、法國、義大利四國舉行海裁軍會議。

昭和五年
一九三〇

62

一月二十八日，英國皇帝贈「維克多利亞十字大勳章」。三月四日，西班牙皇帝贈海軍有功白色第四級勳章。六月二十日，任特命檢閱使。

一月十一日，解除黃金之輸出。四月二日，加藤軍令部長帷幄上奏。四月二十二日，簽訂倫敦條約。五月十九日，財部全權代表回國。六月十日，山梨海軍次官，末次軍令部次長被免職，由小林躋造、永野修身分別接任。同日加藤軍令部長上奏，提出辭呈。六月十一日，更換軍令部長。谷口尚兵上任。九月，陸軍青年軍官組織小櫻會。十月一日，樞密院通過倫敦條約。十月三日，財部彪任君次參議官，安保清種任海軍大臣。十月二十七日，台灣高山於叛亂，出動軍隊鎮壓（霧社事件）。十一月四日，濱口首相在東京車站被狙擊。十二月三日，日本政府拒絕中國歸還漢口租借。

一月二十一日，召開倫敦海軍裁軍會議。四月十九日，英國將威海衛歸還中國。六月六日，日英美三國舉行濟南事件對策。七月二十二日，美國總統批准倫敦條約。七月二十九日，長沙日本領事館被燒。七月三十一日，英國皇帝批准倫敦條約。十月十八日，美國發表大建艦案。

昭和六年 一九三一	63	一月十二日，母親波留去世。	一月一日，公布倫敦海軍條約。四月十四日，成立若槻內閣。九月十八日，發生九一八事變。十一月二十七日，美國抗議日軍攻擊錦洲。十二月十三日，犬養毅組閣。該日，再禁止輸出黃金。	三月一日，成立英國、法國、義大利三國海軍協定。四月十四日，西班牙發生革命，成立工和政府。五月二十八日，成立廣東國民政府，宣言討伐蔣介石。九月二十二日，國際聯盟討論九一八事變。十月十五日，國聯理事會將九一八次變做為議題。以十三比一否決日本提案。十月，國聯秘書長對中日提出停止紛爭之建議。
昭和七年 一九三二	64	五月二十六日，任海軍大臣。六月一日，敘從二位。	一月二十八日，發生一二八事變（日人稱為上海事變）。該日停止兌換黃金。二月五日，日軍進哈爾濱。二月七日，聲明出兵上海。二月九日，前財相井上之助被暗殺。二月二十九日，國聯木子頓察團來日本。三月一日，宣言滿洲國建國。團琢磨被暗殺。三月九日，宣	一月十四日，國聯任命中日紛爭條查委員（委員長帷李頓爵士）。一月三十日，國民政府遷都洛陽。同日，國聯設立一二八事變調查團。三月四日，國聯通過終日停戰勸告決議案。三月十五日，美國聲

		昭和八年 一九三三
		65
		一月八日，依願本官待命。一月二十一日，獲頒敘日桐花大綬章。編後備役。五月三十日，法國贈勳章。
	統廢帝（溥儀）就任滿洲國執政。將長春改稱為新京。三月二十四日，在上海舉行中日停戰會議。五月五日簽屬中日停戰協定。五月十五日，犬養首相在官邸被陸海軍青年官槍殺（五一五事件）。五月二十六日，齋藤實組閣。七月二十四日，全國勞農黨和社民眾黨今日併成。社會大眾黨。九月十五日，簽訂日滿協定書，承認滿洲國。十二月六日，日軍進入滿洲。	一月二日，中日兩軍衝突於山海關。二月四日，日軍占領熱河。淵月二十七日，日本退出國聯。七月十日，神兵對事件。八月二十一日，抗議法國宣言，占領南沙群島。十二月八日，松岡楊右主張解散政策脫離政友會。
	明不承認滿洲國。五月十五日，蘇聯率先承認滿洲國。八月十八日，上海排日日熾。十月二十日，發表李頓報告書。十一月六日，德國舉行大選。納粹成為第一大黨。十一月八日，羅斯福當選美國總統。	一月三十日，德國成立希特勒內閣。二月二十四日，國聯大會通過有關中日紛爭勸告案（四十二比一）。松岡全權代表退出國聯大會議場。六月七日，二十二國委員會通過不承認滿洲國決議案。十月十四日，德國退出國聯及裁軍會議。

昭和九年 一九三四	
66	
五月九日，滿洲國皇帝贈勳一位龍光大勳章。七月八日，任總理大臣兼拓務大臣。十月二十五日，免兼官。	
四月十八日，發生帝國人造絲大弊案。五月十七日，近衛文麿以親善佳節訪美。七月三日，齋藤內閣辭職。七月八日，岡田啟介組閣。七月十二日，簽訂日、印通商條約。十月十七日，決定在滿機構改革案。關東府各課長反對全體辭職。陸軍青年官計劃政變（十一月事件）。十一月二十六日，藤井財相辭職，高橋是清繼任。十一月二十八日，召開第六十六臨時國會，十二月十日，設立對滿事務局。南官東軍司令官兼駐滿特命全權大使。十二月十九日，通告美國政府華盛頓海軍條約。	三月十三日，眾議院決議國體明徵。四月六日，滿洲國皇帝訪日。五月十一日，政府聲明國體明徵。八月十二日，相澤中佐刺殺永田陸
一月十三日，中國福建人民政府崩潰。一月二十三日，三月一日，滿洲國皇施帝制，溥儀做皇帝。五月十九日，惡多承認滿洲國。六月八日，六月十四日，希特勒、墨索里尼在威尼斯舉行會談。八月二日，德國總統興登堡去世，八月十九日，希特勒就任總統。九月十八日，蘇聯參加國聯。十月二十二日，召開倫敦海軍裁軍預備會議。十二月十四日，在依索比亞發生義依紛爭，依索比亞相國聯控訴。	日蘇滿三國簽訂北滿鐵路讓渡協定。五月二日，滿洲國皇帝發布日滿關係不可分詔諭。八月十六日，

昭和十年 一九三五	67		軍軍務局長。陸軍內部對立日甚。九月四日，陸相林銑十郎辭職。川島義元接任陸相。九月八日，遞信大臣床次竹二郎去世。由首相兼任。九日，望月圭介繼任遞信大臣。九月十八日，美濃部博士暫不起訴。九月二十日，陸海兩相要求打擊天皇機關說。十月一日，政府正式發表國明徵之處置。十月十五日，政府再次聲明打擊天皇機關說。十一月四日，任命永野修身，永井松三為倫敦海軍裁軍會議全權代表。十二月二十六日，齋藤實任內大臣。 為解決義大利、埃及紛爭，英法義三國會談。九月二十一日，英國對華經濟使節李斯羅斯抵達上海。十月三日，義大利；伊索比亞宣戰。全面進入戰爭。十一月一日，汪精衛在國民黨六中全會除狙擊。十一月四日，中國以英國貸款進行幣制改革。十一月十五日，菲律賓建立共和國，凱遜就任總統。十一月按時四日，殷汝耕發表華北戰區自治宣言，組織冀東防共自治委員會。十二月九日，召開倫敦海軍會議。十二月二十二日，德王發表內蒙古獨立宣言。十二月二十五日，冀東防共自治委員會改組為冀東自治政府。

昭和十一年 一九三六	68	三月九日，依願免官。	一月十五日，通告退出倫敦海軍裁軍會議。一月二十一日，政友會對岡田內閣提出不信任案。解散眾議院，二月二十日，舉行第十九屆眾議院議員選舉，執政黨之民政黨成為第一大黨，無產政黨勢力增大。二月二十六日，陸軍青年軍官率領部下襲擊首相，內大臣、渡邊教育總盟、朝日新聞社等政變。發表岡田首相、齋藤內大臣、高橋財相、渡邊教育總監死亡。該日內相後藤文夫代理首相，全國證券商品市場停止交易。二月按時七日，東京實施戒嚴。按月二時就日，叛軍歸隊，該日發表岡田首相健在，免去後藤文夫代理首相。三月四日，近衛文麿，奉命組閣，但婉謝，三月五日，廣天弘毅組閣。三月六日，寺內陸相像發表聲明，抨擊自由主義。林、濱崎、阿部、荒木四大將，負二二六事件責任，編入預備役，三月九日，成立廣田內閣。五	三月二十五日，英美法簽訂倫敦海軍條約。四月十二日，義大利併吞伊索比亞。五月九日，義大利軍占領伊索比亞首都。義大利黃帝兼伊索比亞皇帝。七月三十日，英俄成立海軍協定。十一月一日，義大利墨索里尼海軍條約限制使用潛艦條項。十一月八日，西班牙佛朗哥反政府軍進馬德里城。十二月十二日，在西安張學良拘禁蔣介石。十二月十六日，國民政府命令討伐張學良。十二月二十五日，蔣介石安抵洛陽。

	昭和十二年 一九三七
	69
	四月二十九日，特賜前官待遇。
月二十八日，恢復陸海軍大臣現役制，七月三日，判相澤中佐死刑。七月十二日，二二六事件犯人十五名死刑。七月十三日，解除戒嚴。十一月二十五日，簽訂日德防共協定。	一月二十三日，廣田內閣辭職。一月二十五日，宇垣一成奉命組閣。因陸軍不推薦陸相，二十九日流產。二月二日，林銑十郎組閣，四月三十日，眾議院大選，右野黨大勝。六月四日，近衛文麿組閣。七月七日發生盧溝橋事變。八月十三日，在上海中日軍衝突（八一三事變）。九月二十五日，拒絕國聯諮詢委員會邀請。十一月六日，在羅馬簽訂日德義三國防共協定。十一月十七日，公布戰時大本營令。十一月三十日，承認西班牙佛朗哥政府。十二月十三日，攻陷南京。
	二月二十五日，國民黨三中全會宣言廢止華北偽政權及根絕紅禍。六月八日，澳洲首相來對吉田駐英大使提議太平洋互不侵犯條約。九月十三日，中國政府向國聯控訴中日問題。九月二十八日，國聯大會全體一致通過對日非難之決議。十月，成立晉北、蒙古聯盟各自治政府。十一月二十九日，義大利承認滿洲國。十二月二日，西班牙佛朗哥將軍在布爾哥新建立政府。十二月十四日，王克敏立

				中華民國臨時政府。
昭和十三年 一九三八	70	一月二十一日退役。	一月十六日，近衛內閣發表以後國民政府為對象之聲明。一月十七日，啟用軍需工業動員法。五月五日，公布國家總動員法。六月十一日，中國駐日大使館員撤退。七月七日，法國占領西沙島書。七月十二日，發生張鼓峰事件。八月十日，成立日蘇張鼓峰事件停戰協定。十月二十七日，日軍占領武漢三鎮，十一月二日，對國聯通告終止合作。	三月十一日，德國國防軍進入奧地利。三月十三日，宣布德奧合併。三月二十八日，梁鴻志在南京成立「維新政府」。六月，國民政府遷至重慶。六月三十日，英美法簽訂主力艦最大可以四萬五千噸之協定。十一月，英國承認意大利合併衣索比亞。十二月十八日，汪精衛逃出重慶。十二月二十九日，汪由河內發表通電，主張對日和平（艷電）。
昭和十四年 一九三九	71		一月五日，平沼騏一郎組閣。二月二十日，日軍登陸海南島。英美法注意日軍之占領海南島。三月三十一日，宣布領有南沙群島。四月二十四日，承認德國合併捷克。六月十四日，封鎖天津英法租界。	一月，中國國民黨開除汪精衛黨籍。一月十三日，匈牙利參加防共協定。西班牙佛朗哥政府參加房共協定。五月二十二日，德義簽定軍事同盟，八月二

	昭和十五年 一九四〇
	72
六月二十七日，日蘇空軍在諾門罕衝突（諾門罕事件）。八月二十八日，平沼內閣聲明「歐稿情勢複雜怪奇，而辭職。八月三十日，阿部信行組閣。九月四日，宣言不介入第二次歐洲戰爭。九月十六日，諾門罕日蘇停戰。	一月十六日，米內光政組閣。一月二十一日，英艦在日本近海臨檢淺回丸，拉走德國人。二月七日，眾議院開除齋藤隆夫。三月三十日，政府聲明援助中國新政權。六月一日，木戶幸一任內大臣。六月十二日，日泰簽訂和觀條約。六月二十五日，派遣禁絕將監視團去越南。七月十六日，因及艦艇陸軍不合作，米內內閣辭職。七月二十二日，成立第二次近衛內閣。九月二十二日，成立日越軍事同盟。二
十一日，德蘇簽定互不侵犯條約。九月三日，英國對德國宣戰。法國參加對德國戰爭。愛爾蘭、荷蘭、比利時、美國宣言中立。九月二十七日，德蘇成立軍事協定。波蘭投降。十一月二十一日，英國通告海軍條約之無限期延期。	三月三十日，汪「國民政府」成立於南京。四月八日，德國進攻挪威。五月十日，德軍突破荷蘭、比利時、盧森堡三國國境，五月十四日，荷蘭軍投降。五月二十七日，比利時王投降。六月十日，義大利參加對英法戰爭。六月十四日，德軍進入巴黎。六月十七日，法軍投降柏丹之帥出任首相。八

年份		昭和十六年 一九四一
年齡		73
事蹟		
日本	十三日，日軍進駐越南。九月二十七日，成立日德義三國同盟。十月十二日，成立大政翼贊會。十一月三十日，成立汪基本條約，日滿汪共同宣言。十二月六日，設內閣情報局。	一月二十日，公布眾議院議員選舉法之修改。一月二十四日，調停泰國與越南之紛爭。三月十二日，松岡外相出訪德國和意大利。四月十三日，簽訂日蘇中立條約。五月九日，簽署日法、日泰兩議定書。六月二十三日，近衛、汪共同聲明。七月十六日，近衛內閣辭職。七月十八日，成立第三次近衛內閣。七月二十五日，英美凍結日本資產。七月二十九日，成立日越共同防衛協定。八月二十三日，野村駐美大使和美國國務卿哈爾開始談判。十月十八日，東條英機組閣。
世界	月八日，德軍轟炸英國本土。十月五日，德軍進駐羅馬尼亞，十一月六日，羅斯福第三次當選美國總統。十一月三十日，汪精衛任南京「國民政府主席」。十二月八日，泰國越南開戰。	一月一日，泰國、越南兩軍在國境衝突。一月十日，德蘇簽新協定。一月二十七日，美國駐華北陸戰隊開始撤退。三月十一日，泰國、越南成立議和。同日，美國國會通過武器代理法案，四月五日，德軍進攻希臘和南斯拉夫。五月十二日，赫斯德副總理飛往英國，六月二十二日，德國對蘇聯宣戰。八月十四日，邱吉爾、羅斯福大西洋上會

	昭和十七年 一九四二
	74
十一月五日，派栗栖大使到美國。十一月二十五日，延長防共協定五年。十二月七日，英美澳洲、墨西哥等國對日宣戰。十二月八日，美國最後通牒，對美英宣戰。海軍航空部隊偷襲珍珠港。簽訂日越軍事協定。日本、泰國簽訂攻守同盟。	一月二日，日軍占領馬尼拉。一月十八日，簽訂日德義新軍事協定。二月十五日，日軍占領新加坡。三月四日，印尼無條件投降。四月十八日，美機首次空襲日本本土。五月二十日，成立翼贊政治會。六月五日，日軍在中途島海戰戰敗。八月七日，美軍登陸加那爾上那兒島。日本海軍逐漸失去制海權。十月十四日，強制限制購買重要物資。十一月一日，廢止拓務省，設大東亞省。
談，發表大西洋憲章宣言。十月八日，英美荷蘭發表禁止對日輸出石油。十月十五日，蘇聯政府辦外交團從莫斯科遷至圭比西耶夫。	一月二日，與二十六個國家簽訂樞密軸同盟條約。二月六日，美英共同設立參謀本部。二月七日，美英共同設立軍需品配路局。四月十九日，麥克阿瑟被任命為西南太平洋反樞軸聯軍司令官。七月二十二日，阿根廷汎美集團宣稱與日本絕緣。九月十五日，德軍攻進打史大林格拉。

昭和十八年 一九四三	
75	
一月二十日，簽訂日德、日義經濟協定，二月九日，布那、加那爾卡那爾日軍撤退。四月二十日，東條改組內閣，重光外相、安藤內相。五月二十一日，發表山本聯合艦隊司令官戰役。五月三十日，阿茲島守備隊全滅。八月二十二日，基斯加島守備隊撤退。九月十五日，日德共同聲明，再次確認三國同盟。十一月一日，設軍需省。十一月二十五日，馬金、達拉葉兩島守備隊全滅。	
一月九日，汪南京政府對美英宣戰。一月十四日，美英卡沙布朗卡會談。二月二日，在史大林格拉的德軍投降。四月二十六日，蘇聯、波蘭斷絕邦交。七月二十五日，義大利墨索里尼辭去首相，巴多利奧元帥繼任。八月一日，緬甸獨立，（巴・英任國家主席）。九月八日，義大利無條件投降。十一月十二日，羅斯福、邱吉爾、蔣介石就日本之領土問題會談（開羅會議）。十一月十四日，菲律賓獨立，勞列爾就任總統。十一月二十一日，自由印度臨時政府返任，蔣多拉波斯任主席。	

昭和十九年 一九四四	
76	
十二月十六日，長子貞外茂（大本營參謀，海軍中佐）在菲律賓戰死。	
二月二十日，東條首相兼陸相和參謀總長。嶋田海相兼軍令部總長。二月二十五日，發表決戰非常措施要綱。五月五日，發表古賀聯合艦隊司令長官戰死。六月十五日，美軍登陸塞班島。七月五日，政府對重慶國民政府送秋波。七月十八日，東條內閣辭職。七月二十二日，小磯國昭和米內光政共同組閣。八月一日，泰國本內閣辭職。八月十日，鈴木貫太郎任樞密院議長。九月二十日，緬甸、雲南方面日軍慘敗。十月二十日，美軍登陸菲律賓雷泰島。十一月二十四日，B29空襲東京。	一月，美軍開始連續轟炸日本本土大都市。二月七日，美軍進入馬尼拉。二月十九日，美軍登陸硫磺島。三月三十日，成立大日本政治會。四月一日，美軍登陸琉球本島。
三月十九日，蘇聯承認巴多利奧政權。四月十二日，美英外相在倫敦會談。義大利巴多利奧內閣辭職。七月一日，召開布列頓、烏茲會議。七月二十日，泰國比本內閣辭職。二十一日，在敦巴頓橡園會談。八月二五日，盟軍進入巴黎。九月十一日，第二次魁北克會談。十月九日，發表敦巴頓橡園案聯合國案）十一月十日，汪精衛死於日本名古屋帝國大學醫院，陳公博繼任南京偽國民政府主席。	二月四日，羅斯福、邱吉爾、史大林舉行雅爾達會議。四月十二日，美國總統羅斯福去世，副總統杜魯門繼任。五月二日，柏

昭和二十年 一九四五	77		四月五日，蘇聯通告不延期日蘇中立條約。四月七日，鈴木貫太郎組閣。七月十二日，佐藤駐蘇大使對蘇聯提出請其斡旋和本方案。八月六日，美軍在廣島投擲原子彈。八月八日，蘇聯對日宣戰。八月九日，美軍投原子彈於長崎。八月十四日，日本接受波茨坦宣言。八月十五日，日皇正式廣播結束戰爭詔書。八月十七日，東久宮組閣。八月三十日，麥克阿瑟元帥飛抵厚木機場。九月二日，在東京灣美艦密蘇里艦簽降書。九月十一日，發布逮捕戰爭疑犯命令。十月九日，幣原善重郎組閣。十二月十六日，近衛文麿服毒自殺。	林淪陷。五日七日，德國無條件投降。七月十七日，杜魯門、邱吉爾、史大林在波茨坦舉行會談。七月二十六日，發表波茨坦宣言。八月九日，蘇聯由滿洲、朝鮮、庫頁島國境侵入。九月十五日，蘇聯宣布有千島列島。十月二十日，成立聯合國。
昭和二十一年 一九四六	78		一月一日下詔否定天皇神格。一月四日，盟總追放公職，指令解散右翼團體。二月二日，盟總指令日本之行政範圍，五月三日，遠東國際軍事法庭開庭。五月二十二日，吉田茂組閣。十一月三日，公布日本憲法。	一月十日，聯合國第一次大會在倫敦召開。一月十二日，成立聯合國安全理事會。五月一日，中國國民政府還都南京。六月二十二日，美國發表坡列對日賠償方針。

昭和二十二年 一九四七	79	一月十五日，因八十高齡特贈皇宮拐杖。	五月二十四日，片山哲組閣。十月十三日，、十四宮家脫離皇籍。	十月五日，蘇聯等東歐九個國家成立共產黨情報局。
昭和二十三年 一九四八	80		三月七日，盧田均組閣。十月十九日，成田第二次吉田內閣。十一月十二日，遠東國際軍事法庭判決。	二月十六日，成立朝鮮人民共和國。十二月十五日，中共軍進入北京。十二月十二日，孫科成立中華民國內閣。

日本昭和歷屆內閣及閣員一覽表

田中內閣（一九二七（昭和二）年四月二十日至一九二九年七月二日）

內閣總理大臣	田中義一（一九二七、四、二〇—一九二九、七、二）
外務大臣（兼任）	田中義一（一九二七、四、二〇—一九二九、七、二）
內務大臣	鈴木喜三郎（一九二七、四、二〇—一九二八、五、四）
（兼任）	田中義一（一九二八、五、四—一九二八、五、二三）
	望月圭介（一九二八、五、二十三—一九二九、七、二）
大藏大臣	高橋是清（一九二七、四、二〇—一九二七、六、二）
	三土忠造（一九二七、六、二—一九二九、七、二）
陸軍大臣	白川義則（一九二七、四、二〇—一九二九、七、二）
海軍大臣	岡田啟介（一九二七、四、二〇—一九二九、七、二）
司法大臣	原嘉道（一九二七、四、二〇—一九二九、七、二）
文部大臣	三土忠造（一九二七、四、二〇—一九二七、六、二）
	水野錬太郎（一九二七、六、二—一九二八、五、二五）
	勝田主計（一九二八、五、二五—一九二九、七、二）
農林大臣	山本悌二郎（一九二七、四、二〇—一九二九、七、二）
商工大臣	中橋德五郎（一九二七、四、二〇—一九二九、七、二）
遞信大臣	望月圭介（一九二七、四、二〇—一九二八、五、二三）

鐵道大臣　久原房之助（一九二八、五、二三—一九二九、七、二）
拓務大臣（兼任）　小川平吉（一九二七、四、二〇—一九二九、七、二）
　田中義一（一九二九、六、一〇—一九二九、七、二）
　（拓務省成立於一九二九年六月十日）
內閣書記官長　鳩山一郎（一九二七、四、二〇—一九二九、七、二）
法制局長官　前田米藏（一九二七、四、二〇—一九二九、七、二）

濱口內閣（一九二九（昭和四）年七月二日至一九三一年四月十四日）

內閣總理大臣　濱口雄幸（一九二九、七、二—一九三一、四、一四）
（臨時代理）　幣原喜重郎（一九三〇、一一、一五—一九三一、三、一九）
外務大臣　幣原喜重郎（一九二七、七、二—一九三一、一二、一三）
內務大臣　安達謙藏（一九二七、七、二—一九三一、一二、一三）
大藏大臣　井上準之助（一九二七、七、二—一九三一、一二、一三）
陸軍大臣　宇垣一成（一九二七、七、二—一九三一、四、一四）
（臨時代理）　阿部信行（一九三〇、六、一六—一九三〇、一二、一〇）
海軍大臣　財部彪（一九二九、七、二—一九三〇、一〇、三）
（管理事務）　濱口雄幸（一九二九、一一、二六—一九三〇、五、一九）
司法大臣　安保清種（一九三〇、一〇、一三—一九三一、一二、一三）
文部大臣　渡邊千冬（一九二九、七、二—一九三〇、一二、三）
　小橋一太（一九二九、七、二—一九二九、一一、二九）

	田中隆三（一九二九、一一、二九—一九三一、一二、一三）
農林大臣	町田忠治（一九二九、七、二—一九三一、一二、一三）
	俵孫一（一九二九、七、二—一九三一、四、一四）
遞信大臣	小泉又次郎（一九二九、七、二—一九三一、一二、一三）
鐵道大臣	江木翼（一九二九、七、二—一九三一、九、一〇）
拓務大臣	松田源治（一九二九、七、二—一九三一、四、一四）
班列大臣（政務委員）	阿部信行（一九三〇、六、一六—一九三〇、一二、一〇）
內閣書記官長	鈴木富士彌（一九二九、七、二—一九三一、四、一四）
法制局長官	川崎卓吉（一九二九、七、二—一九三一、四、一四）

（卸任日期為一九三一年四月十四日以後者，表示留任於若槻內閣）

第二次若槻內閣（一九三一（昭和六）年四月十四至一九三一年十二月十三日）

內閣總理大臣	若槻禮次郎（一九三一、四、一四—一九三一、一二、一三）
外務大臣	幣原喜重郎（留任，一九二九、七、二—一九三一、一二、一三）
內務大臣	安速謙藏（留任，一九二九、七、二—一九三一、一二、一三）
大藏大臣	井上準之助（留任，一九二九、七、二—一九三一、一二、一三）
陸軍大臣	南次郎（一九三一、四、一四—一九三一、一二、一三）
海軍大臣	安保清種（留任，一九二九、七、二—一九三一、一二、一三）
司法大臣	渡邊千冬（留任，一九二九、七、二—一九三一、一二、一三）
文部大臣	田中隆三（留任，一九二九、七、二—一九三一、一二、一三）

農林大臣　町田忠治（留任，一九二九、七、二─一九三一、一二、一三）
商工大臣　櫻內幸雄（一九三一、四、一四─一九三一、一二、一三）
遞信大臣　小泉又次郎（留任，一九二九、七、二─一九三一、一二、一三）
鐵道大臣　江木翼（留任，一九二九、七、二─一九三一、九、一〇）
　　　　　原脩次郎（一九三一、九、一〇─一九三一、一二、一三）
拓務大臣　原脩次郎（一九三一、四、一四─一九三一、九、一〇）
（兼任）　若槻禮次郎（一九三一、九、一〇─一九三一、一二、一三）
內閣書記官長　川崎卓吉（一九三一、四、一四─一九三一、一二、一八）
法制局長官　武內作平（一九三一、四、一五─一九三一、一一、一八）
　　　　　齋藤隆夫（一九三一、一一、九─一九三一、一二、一三）

犬養內閣（一九三一（昭和六）年十二月十三日至一九三二年五月十六日）

內閣總理大臣　犬養毅（一九三一、一二、一三─一九三二、五，一六）
（臨時代理）　高橋是清（一九三二、五、一六─一九三二、五、二六）
外務大臣　犬養毅（一九三一、一二、一三─一九三二、一、一四）
　　　　　芳澤謙吉（一九三二、一、一四─一九三二、五、六）
內務大臣　中僑德武郎（一九三一、一二、一三─一九三二、三、一六）
（兼任）　犬養毅（一九三二、三、一六─一九三二、三，二五）
　　　　　鈴木喜三郎（一九三二、三、二五─一九三二、五、二六）
大藏大臣　高橋是清（一九三一、一二、一三─一九三二、七、八）

陸軍大臣　荒木貞夫（一九三一、一二、一三—一九三四、一、二三）
海軍大臣　大角岑生（一九三一、一二、一三—一九三二、五、二六）
司法大臣　鈴木喜三郎（一九三一、一二、一三—一九三二、五、二六）
文部大臣　川村竹治（一九三二、三、二五—一九三二、五，二六）
　　　　　鳩田一郎（一九三一、一二、一三—一九三四、三、三）
農林大臣　山本悌二郎（一九三一、一二、一三—一九三二、五、二六）
商工大臣　前田米藏（一九三一、一二、一三—一九三二、五、二六）
遞信大臣　三土忠造（一九三一、一二、一三—一九三二、五、二六）
鐵道大臣　床次竹二郎（一九三一、一二、一三—一九三二、五、二六）
拓務大臣　秦豐助（一九三一、一二、一三—一九三二、五、二六）
內閣書記官長　森格（一九三一、一二、一三—一九三二、五、二六）
法制局長官　島田俊雄（一九三一、一二、一三—一九三二、五、二六）

齋藤內閣（一九三二（昭和七）年五月二十六日至一九三四年七月八日）

內閣總理大臣　齋藤實（一九三二、五、二六—一九三四、七、八）
外務大臣（兼任）　齋藤實（一九三二、五、二六—一九三二、七、六）
　　　　　內田康哉（一九三二、七、六—一九三三、九、一四）
　　　　　廣田弘毅（一九三三、九、一四—一九三六、三、九）
內務大臣　山本達雄（一九三二、五、二六—一九三四、七、八）
大藏大臣　高橋是清（留任，一九三一、一二、一三—一九三四、七、八）

陸軍大臣	荒木貞夫（留出，一九三一、一二、一三—一九三四、七、八）
	林銑十郎（一九三四、一、二三—一九三五、九、五）
海軍大臣	岡田啟介（一九三二、五、二六—一九三三、一、九）
	大角岑生（一九三三、一、九—一九三六、三、九）
司法大臣	小山松吉（一九三二、五、二六—一九三四、七、八）
文部大臣	嶋田一郎（留任，一九三一、一二、一三—一九三四、三、三）
（兼任）	齋藤實（一九三四、三、三—一九三四、七、八）
農林大臣	後藤文夫（一九三二、五、二六—一九三四、七、八）
商工大臣	中島久萬吉（一九三二、五、二六—一九三四、二、九）
	松本烝治（一九三四、二、九—一九三四、七、八）
遞信大臣	南弘（一九三二、五、二六—一九三四、七、八）
鐵道大臣	三土忠造（一九三二、五、二六—一九三四、七、八）
拓務大臣	永井柳太郎（一九三二、五、二六—一九三四、七、八）
內閣書記官長	柴田善三郎（一九三二、五、二六—一九三三、三、一三）
	堀切善次郎（一九三三、三、一三—一九三四、七、八）
法制局長官	堀切善次郎（一九三二、五、二六—一九三三、三、一三）
	黑崎定三（一九三三、三、一三—一九三四、七、一〇）

岡田內閣（一九三四（昭和九）年七月八日至一九三六年三月九日）

內閣總理大臣	岡田啟介（一九三四、七、八—一九三六、三、九）

（臨時代理）	後藤文夫（一九三六、二、二六—一九三六、二、二八）
外務大臣	廣田弘毅（留任，一九三三、九、一四—一九三六、三、九）
內務大臣	後藤文夫（一九三四、七、八—一九三六、三、九）
大藏大臣	藤井真信（一九三四、七、八—一九三四、一一、二七）
	高橋是清（一九三四、一一、二七—一九三六、二、一六）
（兼任）	町田忠治（一九三六、二、二七—一九三六、三、九）
陸軍大臣	林銑十郎（留任，一九三四、一、二三—一九三五、九、五）
	川島義之（一九三五、九、五—一九三六、三、九）
海軍大臣	大島岑生（留任，一九三三、一、九—一九三六、三、二九）
司法大臣	小原直（一九三四、七、八—一九三六、三、九）
文部大臣	松田源治（一九三四、七、八—一九三六、一、一）
	川崎卓吉（一九三六、二、二—一九三六、三、九）
農林大臣	山崎達之輔（一九三四、七、八—一九三六、三、九）
商工大臣	町田忠治（一九三四、七、八—一九三六、三、九）
遞信大臣	床次竹二郎（一九三四、七、八—一九三五、九、八）
（兼任）	岡田啟介（一九三五、九、九—一九三五、九、一二）
	望月圭介（一九三五、九、一二—一九三六、三、九）
鐵道大臣	內田信也（一九三四、七、八—一九三六、三、九）
拓務大臣（兼任）	岡田啟介（一九三四、七、八—一九三四、一〇、二五）
	兒玉秀雄（一九三四、一〇、二五—一九三六、三、九）
內閣書記官長	河田烈（一九三四、七、八—一九三四、一〇、一〇）

法制局長官　吉田茂（一九三四、一〇、二〇—一九三五、五、一一）
白根竹介（一九三五、五、一一—一九三六、三、一〇）
金森德次郎（一九三四、七、一〇—一九三六、一、八）
大橋八郎（一九三六、一、八—一九三六、三、一〇）

廣田內閣（一九三六（昭和十一）年三月九日至一九三七年二月二日）

內閣總理大臣　廣田弘毅（一九三六、三、九—一九三七、二、二）
外務大臣（兼任）　廣田弘毅（一九三六、三、九—一九三六、四、二）
有田八郎（一九三六、四、二—一九三七、二、二）
內務大臣　潮惠之輔（一九三六、三、九—一九三七、二、二）
大藏大臣　馬場鍈一（一九三六、三、九—一九三七、二、二）
陸軍大臣　寺內壽一（一九三六、三、九—一九三七、二、二）
海軍大臣　永野修身（一九三六、三、九—一九三七、二、二）
司法大臣　林賴三郎（一九三六、三、九—一九三七、二、二）
文部大臣（兼任）　潮惠之輔（一九三六、三、九—一九三六、三、二五）
平生釟三郎（一九三六、三、二五—一九三七、二、二）
農林大臣　島田俊雄（一九三六、三、九—一九三七、二、二）
商工大臣　川崎卓吉（一九三六、三、九—一九三六、三、二七）
小川鄉太郎（一九三六、三、二八—一九三七、二、二）
遞信大臣　賴母木桂吉（一九三六、三、九—一九三七、二、二）

鐵道大臣　前田米藏（一九三六、三、九—一九三七、二、二）
拓務大臣　永田秀次郎（一九三六、三、九—一九三七、二、二）
內閣書記官長　藤沼庄平（一九三六、三、一〇—一九三七、二、二）
法制局長官　次田大三郎（一九三六、三、一〇—一九三七、二、二）

林內閣（一九三七（昭和十二）年二月二日至一九三七年六月四日）

內閣總理大臣　林銑十郎（一九三七、二、二—一九三七、六、四）
外務大臣（兼任）　林銑十郎（一九三七、二、二—一九三七、三、三）
　佐藤尚武（一九三七、三、三—一九三七、六、四）
內務大臣　河原田稼吉（一九三七、二、二—一九三七、六、四）
大藏大臣　結成登太郎（一九三七、二、二—一九三七、六、四）
陸軍大臣　中村孝太郎（一九三七、二、二—一九三七、六、四）
　杉山元（一九三七、二、九—一九三八、六、四）
海軍大臣　米內光政（一九三七、二、二—一九三九、八、三〇）
司法大臣　鹽野季彥（一九三七、二、二—一九三九、八、三〇）
文部大臣（兼任）　林銑十郎（一九三七、二、二—一九三七、六、四）
農林大臣　山崎達之輔（一九三七、二、二—一九三七、六、四）
商工大臣　伍堂卓雄（一九三七、二、二—一九三七、六、四）
遞信大臣（兼任）　山崎達之輔（一九三七、二、二—一九三七、二、一〇）
　兒玉秀雄（一九三七、二、一〇—一九三七、六、四）

鐵道大臣（兼任） 伍堂卓雄（一九三七、二、二—一九三七、六、四）

拓務大臣（秉任） 結城豐太郎（一九三七、二、二—一九三七、六、四）

內閣書記官長 大橋八郎（一九三七、二、二—一九三七、六、四）

法制局長官 川越丈雄（一九三七、二、二—一九三七、六、四）

近衛內閣（一九三七（昭和十二）年六月四日至一九三九年一月五日）

內閣總理大臣 近衛文麿（一九三七、六、四—一九三九、一、五）

外務大臣 廣田弘毅（一九三七、六、四—一九三八、五、二六）

宇垣一成（一九三八、五、二六—一九三八、九、三〇）

（兼任） 近衛文麿（一九三八、九、三〇—一九三八、一〇、二九）

有田八郎（一九三八、一〇、二九—一九三九、八、三〇）

內務大臣 馬場鍈一（一九三七、六、四—一九三七、一二、一四）

末次信正（一九三七、一二、一四—一九三九、一、五）

大藏大臣 賀屋興宣（一九三七、六、四—一九三八、五、二六）

池田成彬（一九三八、五、二六—一九三九、一、五）

陸軍大臣 杉山元（留任，一九三七、二、九—一九三八、六、三）

板垣征四郎（一九三八、六、三—一九三九、八、三〇）

海軍大臣 米內光政（留任，一九三七、二、二—一九三九、八、三〇）

司法大臣 盟野季彥（留任，一九三七、二、二—一九三九、八、三〇）

文部大臣 安井英二（一九三七、六、四—一九三七、一〇、二二）

	木戶幸一（一九三七、一〇、二二—一九三八、五、二六）
	荒木貞夫（一九三八、五、二六—一九三九、八、三〇）
農林大臣	有馬賴寧（一九三七、六、四—一九三九、一、五）
商工大臣	吉野信次（一九三七、六、四—一九三八、五、二六）
（兼任）	池田成彬（一九三八、八、二五—一九三九、一、五）
遞信大臣	永井柳太郎（一九三七、六、四—一九三九、一、五）
鐵道大臣	中島知久平（一九三七、六、四—一九三九、一、五）
拓務大臣	大谷尊由（一九三七、六、四—一九三八、六、二五）
（兼任）	宇垣一成（一九三八、六、二五—一九三八、九、三〇）
（兼任）	近衛文麿（一九三八、九、三〇—一九三八、一〇、二九）
	八田嘉明（一九三八、一〇、二九—一九三九、一、五）
厚生大臣（兼任）	木戶幸一（一九三八、一、一一—一九三八、五、二六）
	木戶幸一（一九三八、五、二六—一九三九、一、五）
	（一九三八年一月十一日設立厚生省）
內閣書記官長	風見章（一九三七、六、四—一九三九、一、五）
法制局長官	瀧正雄（一九三七、六、四—一九三七、一〇、二五）
	船田中（一九三七、一〇、二五—九三九、一、五）
企劃院總裁	瀧正雄（一九三七、一〇、二五—九三九、一、五）
	（一九三七年十月二十五日成立企劃院）

平沼內閣（一九三九（昭和十四）年一月五日至同年八月三十日）

內閣總理大臣	平沼騏一郎（一九三九、一、五－一九三九、八、三〇）
外務大臣	有田八郎（留任，一九三八一〇二九－一九三九、八、三〇）
內務大臣	木戶幸一（一九三九、一、五－一九三九、八、三〇）
大藏大臣	石渡莊太郎（一九三九、一、五－一九三九、八、三〇）
陸軍大臣	板垣征四郎（留任，一九三八、六、三－一九三九、八、三〇）
海軍大臣	米內光政（留任，一九三七、二、二－一九三九、八、三〇）
司法大臣	鹽野季彥（留任，一九三七、二、二－一九三九、八、三〇）
文部大臣（兼任）	荒木貞夫（留任，一九三八、五、二六－一九三九、八、三〇）
農林大臣	櫻內幸雄（一九三九、一、五－一九三九、八、三〇）
商工大臣	八田嘉明（一九三九、一、五－一九三九、八、三〇）
遞信大臣	鹽野季彥（一九三九、一、五－一九三九、四、七）
（兼任）	田邊治通（一九三九、四、七－一九三九、八、三〇）
鐵道大臣	前田米藏（一九三九、一、五－一九三九、八、三〇）
拓務大臣（兼任）	八田嘉明（一九三九、一、五－一九三九、四、七）
	小磯國昭（一九三九、四、七－一九三九、八、三〇）
厚生大臣	廣瀨久忠（一九三九、一、五－一九三九、八、三〇）
無任所（政務委員）	近衛文麿（一九三九、一、五－一九三九、八、三〇）
內閣書記官長	田邊治通（一九三九、一、五－一九三九、四、七）

法制局長官　太田耕造（一九三九、四、七—一九三九、八、三〇）
企劃院總裁　黑崎定三（一九三九、一、五—一九三九、八、三〇）
　　　　　　青木一男（一九三九、一、五—一九三九、八、三〇）

阿部內閣（一九三九（昭和十四）年八月三十日至一九四〇年一月十六日）

內閣總理大臣　阿部信行（一九三九、八、三〇—一九四〇、一、一六）
外務大臣（兼任）　阿部信行（一九三九、八、三〇—一九三九、九、二五）
　　　　　　野村吉三郎（一九三九、九、二五—一九四〇、一、一六）
內務大臣　小原直（一九三九、八、三〇—一九四〇、一、一六）
大藏大臣　青木一男（一九三九、八、三〇—一九四〇、一、一六）
陸軍大臣　畑俊六（一九三九、八、三〇—一九四〇、一、一六）
海軍大臣　吉田善吾（一九三九、八、三〇—一九四〇、一、一六）
司法大臣　宮城長五郎（一九三九、八、三〇—一九四〇、一、一六）
文部大臣　河原田稼吉（一九三九、八、三〇—一九四〇、一、一六）
農林大臣　伍堂卓雄（一九三九、八、三〇—一九四〇、一、一六）
　　　　　　酒井忠正（一九三九、一〇、一六—一九四〇、一、一六）
商工大臣（兼任）　伍堂卓雄（一九三九、八、三〇—一九三九、一〇、一六）
　　　　　　伍堂卓雄（一九三九、一〇、一六—一九四〇、一、一六）
遞信大臣　永井柳太郎（一九三九、八、三〇—一九三九、一〇、一六）
鐵道大臣（兼任）　永井柳太郎（一九三九、八、三〇—一九三九、一一、二九）

拓務大臣　永田秀次郎（一九三九、八、三〇―一九四〇、一、一六）
厚生大臣（兼任）　金光庸夫（一九三九、八、三〇―一九四〇、一、一六）
　小原直（一九三九、八、三〇―一九三九、一一、一六）
書記官長　秋田清（一九三九、一一、三九―一九四〇、一、一六）
　遠藤柳作（一九三九、八、三〇―一九四〇、一、一六）
法制局長官　唐澤俊樹（一九三九、八、三〇―一九四〇、一、一六）

米內內閣（一九四〇（昭和十五）年一月十六日至一九四〇年七月二十二日）

內閣總理大臣　米內光政（一九四〇、一、一六―一九四〇、七、二二）
外務大臣　有田八郎（一九四〇、一、一六―一九四〇、七、二二）
內務大臣　兒玉秀雄（一九四〇、一、一六―一九四〇、七、二二）
大藏大臣　櫻內幸雄（一九四〇、一、一六―一九四〇、七、二二）
陸軍大臣　畑俊六（一九三九、八、三〇―一九四〇、七、二二）
海軍大臣　吉田善吾（留任，一九三九、八、三〇―一九四〇、七、二二）
司法大臣　木村尚達（一九四〇、一、一六―一九四〇、七、二二）
文部大臣　松補鎮次郎（一九四〇、一、一六―一九四〇、七、二二）
農林大臣　島田俊雄（一九四〇、一、一六―一九四〇、七、二二）
商工大臣　藤原銀次郎（一九四〇、一、一六―一九四〇、七、二二）
遞信大臣　勝正憲（一九四〇、一、一六―一九四〇、七、二二）
鐵道大臣　松野鶴平（一九四〇、一、一六―一九四〇、七、二二）

拓務大臣	小磯國昭（一九四〇、一、一六—一九四〇、七、二二）
厚生大臣	吉田茂（一九四〇、一、一六—一九四〇、七、二二）
內閣書記官長	石渡荘太郎（一九四〇、一、一六—一九四〇、七、二二）
法制局長官	廣瀨久忠（一九四〇、一、一六—一九四〇、七、二二）

近衛第二次內閣（一九四〇（昭和十五）年七月二十二日至一九四一年七月十八日）

內閣總理大臣	近衛文麿（一九四〇、七、二二—一九四一、七、一八）
外務大臣	松岡洋右（一九四〇、七、二二—一九四一、七、一八）
（管理事務）	近衛文麿（一九四一、三、一二—一九四一、四、二三）
內務大臣	安井英二（一九四〇、七、二二—一九四〇、一二、二一）
	平沼騏一郎（一九四〇、一二、二一—一九四一、七、一八）
大藏大臣	河田烈（一九四〇、七、二二—一九四一、七、一八）
陸軍大臣	東條英機（一九四〇、七、二二—一九四一、七、一八）
海軍大臣	吉田善吾（留任，一九四〇、七、二二—一九四〇、九、一五）
	及川古志郎（一九四〇、九、一五—一九四一、七、一八）
司法大臣	風見章（一九四〇、七、二二—一九四〇、一二、二一）
	柳川平助（一九四〇、一二、二一—一九四一、七、一八）
文部大臣	橋田邦彥（一九四〇、七、二二—一九四一、七、一八）
農林大臣（兼任）	近衛文麿（一九四〇、七、二二—一九四〇、七、二四）
	石黑忠篤（一九四〇、七、二四—一九四一、六、一一）

商工大臣　井野碩哉（一九四一、六、一一―一九四一、七、一八）
遞信大臣　小林一三（一九四〇、一、一五―一九四一、四、四）
鐵道大臣（兼任）　豐田貞次郎（一九四一、四、四―一九四一、七、一八）
　　　　　　　　　村田省藏（一九四〇、七、二二―一九四一、七、一八）
拓務大臣（兼任）　村田省藏（一九四〇、七、二二―一九四〇、九、二八）
　　　　　　　　　小川鄉太郎（一九四〇、九、二八―一九四一、七、一八）
　　　　　　　　　松岡洋右（一九四〇、七、二二―一九四〇、九、二八）
厚生大臣　秋田清（一九四〇、七、二二―一九四一、七、一八）
　　　　　安井英二（一九四〇、七、二二―一九四〇、九、二八）
國務大臣　金光庸夫（一九四〇、九、二八―一九四一、七、一八）
　　　　　平沼騏一郎（一九四〇、一二、六―一九四〇、一二、二一）
　　　　　星野植樹（一九四〇、一二、六―一九四一、四、四）
　　　　　小倉正恆（一九四一、四、二―一九四一、七、一八）
　　　　　鈴木貞一（一九四一、四、四―一九四一、七、一八）
班列（政務委員）　星野植樹（一九四〇、一二、六―一九四一、七、一八）
內閣書記官長　富田健治（一九四〇、七、二二―一九四一、七、一八）
法制局長官　村瀨直養（一九四〇、七、二二―一九四一、七、一八）

近衛第三次內閣（一九四一（昭和十六）年七月十八日至一九四一年十月八日）

內閣總理大臣　近衛文麿（一九四一、七、一八―一九四一、一〇、一八）

外務大臣	豐田貞次郎（一九四一、七、一八－一九四一、一〇、一八）
內務大臣	田邊治通（一九四一、七、一八－一九四一、一〇、一八）
大藏大臣	小倉正恆（一九四一、七、一八－一九四一、一〇、一八）
陸軍大臣	東條英機（留任，一九四〇、七、二二－一九四一、一〇、一八）
海軍大臣	及穿古志郎（留任，一九四〇、九、五－一九四一、一〇、一八）
司法大臣（兼任）	近衛文麿（一九四一、七、一八－一九四一、七、二五）
	岩村通世（一九四一、七、二五－一九四一、一〇、一八）
文部大臣	橋田邦彥（一九四〇、七、一八－一九四一、一〇、一八）
農林大臣	井野碩哉（留任，一九四一、六、一一－一九四一、一〇、一八）
商工大臣	左近司政三（一九四一、七、一八－一九四一、一〇、一八）
遞信大臣	村田省藏（留任，一九四〇、七、二二－一九四一、一〇、一八）
鐵道大臣（兼任）	村田省藏（一九四一、七、一八－一九四一、一〇、一八）
拓務大臣（兼任）	豐田貞次郎（一九四一、七、一八－一九四一、一〇、一八）
厚生大臣	小泉親彥（一九四一、七、一八－一九四一、一〇、一八）
國務大臣	平沼騏一郎（一九四一、七、一八－一九四一、一〇、一八）
	鈴木貫一（留任，一九四一、四、四－一九四一、一〇、一八）
	柳川平助（一九四一、七、一八－一九四一、一〇、一八）
內閣書記官長	富田健治（留任，一九四〇、七、二三－一九四一、一〇、一八）
法制局長官	村瀨直養（留任，一九四〇、七、二二－一九四一、一〇、一八）

東條內閣（一九四一（昭和十六）年十月十八日至一九四四年七月二十二日）

內閣總理大臣	東條英機（一九四一、一〇、一八—一九四四、七、二二）
外務大臣	東鄉茂德（一九四一、一〇、一八—一九四二、九、一）
（兼任）	東條英機（一九四二、九、一—一九四二、九、一七）
	谷正之（一九四二、九、一七—一九四三、四、二〇）
	重光葵（留任，一九四三、四、二〇—一九四四、七、二二）
內務大臣（兼任）	東條英機（一九四一、一〇、一八—一九四二、二、一七）
	湯澤三千男（一九四二、二、一七—一九四三、四、二〇）
	安藤紀三郎（一九四三、四、二〇—一九四四、七、二〇）
大藏大臣	賀屋興宣（一九四一、一〇、一八—一九四四、七、二二）
陸軍大臣	東條英機（一九四一、一〇、一八—一九四四、七、二二）
海軍大臣	嶋田繁太郎（一九四一、一〇、一八—一九四四、七、二二）
	野村直邦（一九四四、七、一七—一九四四、七、二二）
司法大臣	岩村通世（留任，一九四一、七、二五—一九四四、七、二二）
文部大臣	橋田邦彥（留任，一九四〇、七、二二—一九四三、四、二〇）
（兼任）	東條英機（一九四三、四、二〇—一九四三、四、二三）
	岡部長景（一九四三、四、二三—一九四四、七、二二）
農林大臣	井野碩哉（留任，一九四一、六、一一—一九四三、四、二〇）
	山崎達之輔（一九四三、四、二〇—一九四三、一一、一）

商工大臣	岸信介（一九四三、一〇、八－一九四三、一〇、八）
（兼任）	東條英機（一九四三、一〇、一八－一九四三、一一、一）
遞信大臣	寺島健（一九四一、一〇、一八－一九四三、一〇、八）
（兼任）	八田嘉明（一九四三、一〇、八－一九四三、一一、一）
鐵道大臣（兼任）	八田嘉明（一九四三、一〇、八－一九四三、一一、一）
拓務大臣（兼任）	東鄉茂德（一九四一、一〇、一八－一九四一、一二、二）
（兼任）	井野碩哉（一九四一、一二、二－一九四二、一一、一）
厚生大臣	小泉親彥（一九四一、七、一八－一九四四、七、一七）
大東亞大臣	青木一男（一九四二、一一、一－一九四四、七、二二）
	（一九四二年十一月一日廢止拓務省，設立大東亞省）
農商大臣	山崎達之輔（一九四三、一一、一－一九四四、二、一九）
	內田信也（一九四四、二、一九－一九四四、七、二二）
軍需大臣（兼任）	東條英機（一九四三、一一、一－一九四四、七、二二）
	（一九四三年十一月一日廢止農林、商工二省，改設農商、軍需二省）
運輸通信大臣	八田嘉明（一九四三、一一、一－一九四四、二、一九）
	五島慶太（一九四三、二、一九－一九四四、七、二二）
	（一九四三年十一月一日廢止遞信、鐵道二省，並設立運輸通信省）
國務大臣	鈴木貞一（留任，一九四一、一〇、一八－一九四三、十、八）
	岸信介（一九四三、十、八－一九四四、七、二二）
國務大臣	安藤紀三郎（一九四二、六、九－一九四三、四、二〇）
	大麻唯男（一九四三、四、二〇－一九四四、七、二二）

國務大臣　青木一男（一九四二、九、一七—一九四二、一一、一）

　　後藤文夫（一九四三、五、二六—一九四四、七、二二）

國務大臣　藤原銀次郎（一九四三、一一、一七—一九四四、七、二二）

內閣書記官長　星野植樹（一九四一、一〇、一八—一九四四、七、二二）

法制局長官　森山鋭一（一九四一、一〇、一八—一九四四、七、二二）

小磯內閣（一九四四（昭和十九）年七月二十二日至一九四五年四月七日）

內閣總理大臣　小磯國昭（一九四四、七、二二—一九四五、四、七）

外務大臣　重光葵（留任，一九四三、四、二〇—一九四五、四、七）

內務大臣　大達茂雄（一九四四、七、二二—一九四五、四、七）

大藏大臣　石渡莊太郎（留任，一九四四、二、一九—一九四五、二、二一）

　　津島壽一（一九四五、二、二一—一九四五、四、七）

陸軍大臣　杉山元（一九四四、七、二二—一九四五、四、七）

海軍大臣　米內光政（一九四四、七、二二—一九四五、四、七）

司法大臣　松阪廣政（一九四四、七、二二—一九四五、四、七）

文部大臣　二宮治重（一九四四、七、二二—一九四五、二、一〇）

　　兒玉秀雄（一九四五、二、一〇—一九四五、四、七）

厚生大臣　廣瀨久忠（一九四四、七、二二—一九四五、二、一〇）

　　相川勝六（一九四五、二、一〇—一九四五、四、七）

大東亞大臣（兼任）　重光葵（留任，一九四三、四、二〇—一九四四、四、七）

農商大臣　島田俊雄（一九四四、七、二二—一九四五、四、七）

軍需大臣　藤元銀次郎（一九四四、七、二二—一九四四、一二、一九）

吉田茂（一九四四、一二、一九—一九四五、四、七）

運輸通信大臣　前田米藏（一九四四、七、二二—一九四五、四、七）

國務大臣　町田忠治（一九四四、七、二二—一九四五、四、七）

國務大臣　兒玉秀雄（一九四四、七、二二—一九四五、二、一〇）

廣瀨久忠（一九四五、二、一〇—一九四五、二、二一）

石渡荘太郎（一九四五、七、二二—一九四五、四、七）

國務大臣　緒方竹虎（一九四四、七、二二—一九四五、四、七）

國務大臣　小林躋造（一九四四、一二、一九—一九四五、三、一）

內閣書記長（兼任）　三浦一雄（一九四四、七、二二—一九四四、七、二九）

田中武雄（一九四四、七、二九—一九四五、二、一〇）

（兼任）　廣瀨久忠（一九四五、二、一〇—一九四五、二、二一）

（兼任）　石渡荘太郎（一九四五、二、二一—一九四五、四、七）

法制局長官　三浦一雄（一九四四、七、二二—一九四五、四、七）

鈴木內閣（一九四五（昭和二十）年四月七日至一九四五年八月十七日）

內閣總理大臣　鈴木貫太郎（一九四五、四、七—一九四五、八、一七）

外務大臣（兼任）　鈴木貫太郎（一九四五、四、七—一九四五、四、九）

東鄉茂德（一九四五、四、九—一九四五、八、一七）

內務大臣　安倍源基（一九四五、四、七—一九四五、八、一七）

大藏大臣　廣瀨豐作（一九四五、四、七—一九四五、八、一七）

陸軍大臣　阿南惟幾（一九四五、四、七—一九四五、八、一五）

海軍大臣　米內光政（留任，一九四四、七、二二—一九四五、八、一七）

司法大臣　松阪廣政（留任，一九四四、七、二二—一九四五、八、一七）

文部大臣　太田耕造（一九四五、四、七—一九四五、八、一七）

厚生大臣　岡田忠彥（一九四五、四、七—一九四五、八、一七）

大東亞大臣（兼任）　鈴木貫太郎（一九四五、四、七—一九四五、四、九）

（兼任）　東鄉茂德（一九四五、四、九—一九四五、八、一七）

農商大臣　石黑忠篤（一九四五、四、七—一九四五、八、一七）

軍需大臣　豐田貞次郎（一九四五、四、七—一九四五、四、一一）

運輸通信大臣（兼任）　豐田貞次郎（一九四五、四、七—一九四五、四、一一）

小日山直登（一九四五、四、一一—一九四五、五、一九）

運輸大臣　小日山直登（一九四五、五、一九—一九四五、八、一七）

（一九四五年五月十九日廢止運輸通信省，改設運輸省）

國務大臣　下村定（一九四五、四、七—一九四五、八、一七）

櫻井兵五郎（一九四五、四、七—一九四五、八、一七）

左近司政三（一九四五、四、七—一九四五、八、一七）

安井藤治（一九四五、四、一一—一九四五、八、一七）

內閣書記官長　迫水久常（一九四五、四、七—一九四五、八、一七）

法制局長官　村瀨直養（一九四五、四、七—一九四五、八、一七）

東久邇宮內閣（一九四五（昭和二十）年八月十七日至一九四五年十月九日）

內閣總理大臣	東久邇宮稔彥（一九四五、八、一七—一九四五、十、九）
外務大臣	重光葵（一九四五、八、一七—一九四五、九、一七）
	吉田茂（一九四五、九、一七—一九四五、十、九）
內務大臣	山崎巖（一九四五、八、一七—一九四五、十、九）
大藏大臣	津島壽一（一九四五、八、一七—一九四五、十、九）
陸軍大臣（兼任）	東久邇宮稔彥（一九四五、八、一七—一九四五、八、二三）
	下村定（一九四五、八、二三—一九四五、十、九）
海軍大臣	米內光政（留任，一九四四、七、二二—一九四五、十、九）
司法大臣	岩田宙造（一九四五、八、一七—一九四五、十、九）
文部大臣	松村謙三（一九四五、八、一七—一九四五、八、一八）
	前田多門（一九四五、八、一八—一九四五、十、九）
厚生大臣	松村謙三（一九四五、八、一七—一九四五、十、九）
大東亞大臣（兼任）	重光葵（一九四五、八、一七—一九四五、八、二六）
	（一九四五年八月二六日廢止大東亞省）
農商大臣	千石興太郎（一九四五、八、一七—一九四五、八、二六）
	（一九四五年八月二六日廢止農商務省，改設農林省）
農林大臣	千石興太郎（一九四五、八、二六—一九四五、十、九）
軍需大臣	中島知久平（一九四五、八、一七—一九四五、八、二六）

（一九四五年八月二六日廢止軍需省，改設商工省）

商工大臣　中島知久平（一九四五、八、二六－一九四五、十、九）

運輸大臣　小日山直登（留任，一九四五、五、一九－一九四五、十、九）

國務大臣　近衛文麿（一九四五、八、一七－一九四五、十、九）

國務大臣　緒方竹虎（一九四五、八、一七－一九四五、十、九）

國務大臣　小畑敏四郎（一九四五、八、一九－一九四五、十、九）

內閣書記官長（兼任）　緒方竹虎（一九四五、八、一七－一九四五、十、九）

法制局長官　村瀨直養（留任，一九四五、四、七－一九四五、十、九）

內閣副書記官長　高木惣吉（一九四五、九、一九－一九四五、十、九）

幣原內閣（一九四五（昭和二十）年十月九日至一九四六年五月二十二日）

內閣總理大臣　幣原喜重郎（一九四五、十、九－一九四六、五、二二）

外務大臣　吉田茂（留任，一九四五、九、一七－一九四六、五、二二）

內務大臣　堀切善次郎（一九四五、十、九－一九四六、一、一三）

三土忠造（一九四六、一、一三－一九四六、五、二二）

大藏大臣　澀澤敬三（一九四五、十、九－一九四六、五、二二）

陸軍大臣　下村定（留任，一九四五、八、二三－一九四五、十二、一）

（一九四五年一二月一日廢止）

第一復員大臣（兼任）　幣原喜重郎（一九四五、一二、一－一九四六、五、二二）

海軍大臣　米內光政（留任，一九四四、七、二二－一九四五、十二、一）

（一九四五年一二月一日廢止）

第二復員大臣（兼任）　幣原喜重郎（一九四五、一二、一－一九四六、五、二二）

司法大臣　岩田宙造（留任，一九四五、八、一七－一九四六、五、二二）

文部大臣　前田多門（留任，一九四五、八、一八－一九四六、一、一三）

安倍能成（一九四六、一、一三－一九四六、五、二二）

厚生大臣　蘆田均（一九四五、十、九－一九四六、五、二二）

農林大臣　松村謙三（一九四五、十、九－一九四六、一、一三）

副島千八（一九四六、一、一三－一九四六、五、二二）

商工大臣　小笠原三九郎（一九四五、十、九－一九四六、五、二二）

運輸大臣　田中武雄（一九四五、十、九－一九四六、一、一三）

（兼任）　三土忠造（一九四六、一、一三－一九四六、一、二六）

村上義一（一九四六、一、二六－一九四六、五、二二）

戰災復興院總裁國務大臣　小林一三（一九四五、一一、五－一九四六、三、九）

（一九四六年三月九日空席）

國務大臣　次田大三郎（一九四五、十、九－一九四六、五、二二）

國務大臣　松本烝治（一九四六、一、一三－一九四六、五、二二）

國務大臣　楢橋渡（一九四六、二、二六－一九四六、五、二二）

國務大臣　石黑武重（一九四六、二、二六－一九四六、五、二二）

第一次吉田內閣（一九四六（昭和二十一）年五月二十二日至一九四七年五月二十四日）

改造前（一九四六、五、二二—一九四七、一、三一）

內閣總理大臣　吉田茂（一九四六、五、二二—一九四七、一、三一）
外務大臣（兼任）　吉田茂（留任，一九四五、九、一七—一九四七、一、三一）
內務大臣　大村清一（一九四六、五、二二—一九四七、一、三一）
大藏大臣　石橋湛山（一九四六、五、二二—一九四七、一、三一）
第一復員大臣（兼任）　吉田茂（一九四六、五、二二—一九四六、六、一五）
（一九四六年六月一五日合併至復員廳）
第二復員大臣（兼任）　吉田茂（一九四六、五、二二—一九四六、六、一五）
（一九四六年六月一五日合併至復員廳）
復員廳總裁　幣原喜重郎（一九四六、六、一五—一九四七、一、三一）
司法大臣　木村篤太郎（一九四六、五、二二—一九四七、一、三一）
文部大臣　田中耕太郎（一九四六、五、二二—一九四七、一、三一）
厚生大臣　河合良成（一九四六、五、二二—一九四七、一、三一）
農林大臣　和田博雄（一九四六、五、二二—一九四七、一、三一）
商工大臣　星島二郎（一九四六、五、二二—一九四七、一、三一）
運輸大臣　平塚常次郎（一九四六、五、二二—一九四七、一、三一）
遞信大臣　一松定吉（一九四六、七、一—一九四七、一、三一）
（一九四六年七月一日從運輸省與內務省分離新設）

經濟安定本部總務長官	膳桂之助（一九四六、八、一二—一九四七、一、三一）
物價廳長官（兼任）	膳桂之助（一九四六、八、一二—一九四七、一、三一）
行政調查部總裁	齋藤隆夫（一九四六、十、二八—一九四七、一、三一）
國務大臣（無任所）	幣原喜重郎（一九四六、五、二二—一九四六、六、一五）
	膳桂之助（一九四六、七、二三—一九四六、八、一二）
	齋藤隆夫（一九四六、五、二二—一九四六、十、二八）
（兼任）	一松定吉（一九四六、五、二二—一九四六、七、一）
	植原悅二郎（一九四六、五、二二—一九四七、一、三一）
國務大臣（兼任）	幣原喜重郎（一九四六、六、一五—一九四七、一、三一）
	齋藤隆夫（一九四六、十、二八—一九四七、一、三一）
國務大臣（憲法擔當）	金森德次郎（一九四六、六、一九—一九四七、一、三一）
內閣書記官長	林讓治（一九四六、五、二九—一九四七、一、三一）
法制局長官	入江俊郎（一九四六、五、二二—一九四七、一、三一）
內閣副書記官長	周東英雄（一九四六、六、一四—一九四七、一、三一）

改造後（一九四七、一、三一—一九四七、五、二四）

內閣總理大臣	吉田茂（留任，一九四六、五、二二—一九四七、五、二四）
副總理	幣原喜重郎（一九四七、五、三—一九四七、五、二四）
外務大臣（兼任）	吉田茂（留任，一九四五、九、一七—一九四七、五、二四）
內務大臣	植原悅二郎（一九四七、一、三一—一九四七、五、二四）

大藏大臣	石橋湛山（留任，一九四六、五、二二—一九四七、五、二四）
復員廳總裁	幣原喜重郎（留任，一九四六、六、一五—一九四七、五、二四）
司法大臣	木村篤太郎（留任，一九四六、五、二二—一九四七、五、二四）
文部大臣	高橋誠一郎（一九四七、一、三一—一九四七、五、二四）
厚生大臣	河合良成（留任，一九四六、五、二二—一九四七、五、二二）
（臨時代理）	吉田茂（一九四七、五、二二—一九四七、五、二四）
農林大臣（兼任）	吉田茂（一九四七、一、三〇—一九四七、二、一五）
	木村小左衛門（一九四七、二、一五—一九四七、五、二四）
商工大臣	石井光次郎（一九四七、一、三一—一九四七、五、二四）
運輸大臣	增田甲子七（一九四七、一、三一—一九四七、五、二四）
遞信大臣	一松定吉（留任，一九四六、七、一—一九四七、五、二四）
經濟安定本部總務長官	石橋湛山（一九四七、一、三〇—一九四七、三、二〇）
	高瀬莊太郎（一九四七、三、二〇—一九四七、五、二四）
物價廳長官（兼任）	石橋湛山（一九四七、一、三〇—一九四七、三、二〇）
	高瀬莊太郎（一九四七、三、二〇—一九四七、五、二四）
行政調查部總裁	齋藤隆夫（留任，一九四六、十、二八—一九四七、五、二四）
國務大臣（無任所）	星島二郎（一九四七、一、三一—一九四七、五、二四）
	田中萬逸（一九四七、二、二八—一九四七、五、二四）
（兼任）	高瀬莊太郎（一九四七、三、二〇—一九四七、五、二四）
國務大臣（兼任）	石橋湛山（一九四七、一、三〇—一九四七、三、二〇）
	齋藤隆夫（留任，一九四六、十、二八—一九四七、五、二四）

國務大臣（憲法擔當）　金森德次郎（留任，一九四六、六、一九—一九四七、五、二四）
內閣書記官長　林讓治（留任，一九四六、五、二九—一九四七、五、三）
內閣官房長官　林讓治（一九四七、五、三—一九四七、五、二四）
法制局長官　入江俊郎（留任，一九四六、五、二二—一九四七、五、二四）
內閣副書記官長　周東英雄（留任，一九四六、六、一四—一九四七、四、三〇）

後記

在《每日新聞》連載〈岡田啟介秘話〉獲得非常好的風評。本書是以該報所刊登之文章為基本，加上許多材料整理而成的。從在報紙連載，至本書的完成，為此工作的是新名丈夫和古波藏保好兩位記者、岡田翁之次子貞寬、女婿迫水久常兩氏；做文章之總整理的是古波藏君。因為要從記憶力已經相當薄弱的八十三歲老翁，整理出最正確的詳細事件，實在很不容易。

準備要開始回顧談話的第一天早上，那是五月中旬的事，對於古波藏、新名兩君說：「我們從可能記憶最清楚的二二六事件開始，逐漸談其他的事」，岡田翁說：「那是日本的恥辱，日本曾搞過這樣的國恥，這我什麼都不想說」，他拒絕談，使兩個人你看我，我看你，不知道該如何是好。這樣下去，回顧談可能談不成，於是改變話題，他終於慢慢開口了。

因為有些事情不想談，所以在報紙連載期間據稱他常常對家人說：「真討厭，很希望早日結束談故事。」但報紙所刊登的他都有看，並提醒筆者一些事。有一次，筆者寫成「二月二十九日」，他說：「那一年二月只有二十八天，所以那是三月一日。」他非常注意有沒有錯誤。

岡田翁的身體，據說因為每天上午情況比較好，所以約定訪問都是從上午十時至中午。記者去訪問時，他便從床上起來，並說：「又要來整我了。」如果記者說：「今天就談這裡，我們要告辭。」他便會說：「那太好了！」而興高采烈地從床上以很不自由的腳步，抓住拐杖，親自送記者到門口，使記者覺得很過意不去。他的記憶力有時候非常清楚，有時候很模糊，這樣時候記者便準備好一切材料去念給他聽，使他聯想有關的事，這個工作是很辛苦的，而對於記者最有幫助的是，岡田翁擁有他自己仔細寫下來的備忘錄，找到這樣便條時，有如小孩般開心，對記者說：「儘管問，我什麼都知道。」

在完成這項工作的過程中，與岡田翁親自接觸的我們，非常感佩他的人格，如果改變構想，當可完成另外一本充滿人性之岡田啟介的專書。岡田家在今日，其經濟並不寬裕，特別因久經戰災，在角筈之私宅被燒掉之後，現今之世田谷岩林町的住家，幾乎沒有什麼像樣的傢俱，他們過著非常簡單的生活。岡田提督之貧窮生活，一直很出名，有一天晚上我們和岡田翁一起吃晚飯時，其公子貞寬氏說了這樣的故事—在岡田先生擔任聯合艦隊司令長官時，年幼的貞實氏某日半夜偶然醒過來，聽到在隔壁房間父母講話的聲音，他不由地聽見母親說生活愈來愈苦，問父親怎麼辦？父親說：「那麼沒有錢嗎？那我們吃稀飯好了。」幼小的他才知道「家裡這麼窮」。試想，聯合艦隊司令長官的待遇一定很高才對，所以很多錢應該都用在別人身上。

岡田翁對於二二六事件犧牲者的心情，也令受害家族非常感動。松尾氏和殉職警察之牌位，都擺在翁家裡，每年忌辰，他都替他們掃墓。他的用心，「幾乎令人不可思議。」這是他家人說的話，時至今日，他有時候會講出有嚴厲的人物評論，但我們可以知道，岡田翁尊敬的是西園寺公望和加藤友三郎，特別信賴的是米內光政，而自始至今，翁一貫之心靈所敬愛的就是昭和天皇。

昭和二十五（一九五〇）年十二月

每日新聞出版局長　森正藏

國家圖書館出版品預行編目資料

近代中日關係研究 第二輯：岡田啟介回憶錄 / 岡田啟介 著 / 陳鵬仁 譯. -- 初版. -- 臺北市：蘭臺出版社, 2022.11
冊；　公分-- (近近代中日關係研究第二輯；5)
ISBN 978-626-95091-9-5(全套：精裝)

1.CST: 中日關係 2.CST: 外交史

643.1　　　　111011488

近代中日關係研究第二輯 5

岡田啟介回憶錄

作　　者：岡田啟介
譯　　者：陳鵬仁
主　　編：張加君
編　　輯：沈彥伶
美　　編：凌玉琳、陳勁宏、塗宇樵
校　　對：周運中、楊容容、古佳雯
封面設計：陳勁宏
出　　版：蘭臺出版社
地　　址：臺北市中正區重慶南路1段121號8樓之14
電　　話：(02) 2331-1675 或 (02) 2331-1691
傳　　真：(02) 2382-6225
E - MAIL ：books5w@gmail.com或books5w@yahoo.com.tw
網路書店：http://5w.com.tw/
https://www.pcstore.com.tw/yesbooks/
https://shopee.tw/books5w
博客來網路書店、博客思網路書店
三民書局、金石堂書店
經　　銷：聯合發行股份有限公司
電　　話：(02) 2917-8022　　傳真：(02) 2915-7212
劃撥戶名：蘭臺出版社　　帳號：18995335
香港代理：香港聯合零售有限公司
電　　話：(852) 2150-2100　　傳真：(852) 2356-0735
出版日期：2022年11月 初版
定　　價：新臺幣12000元整（精裝，套書不零售）
ISBN：978-626-95091-9-5

《臺灣史研究名家論集》

這套叢書是二十九位兩岸台灣史的權威歷史名家的著述精華，精采可期，將是臺灣史研究的一座豐功碑及里程碑，可以藏諸名山，垂範後世，開啓門徑，臺灣史的未來新方向即孕育在這套叢書中。展視書稿，披卷流連，略綴數語以説明叢刊的成書經過，及對臺灣史的一些想法，期待與焦慮。

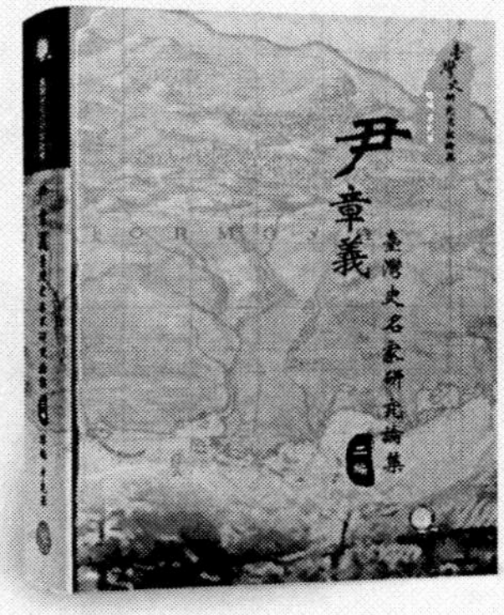

一編 ISBN：978-986-5633-47-9

9 789865 633479 28000

臺灣史研究名家論集（叢書） 定價：28000

王志宇、汪毅夫、卓克華、周宗賢、林仁川、林國平、韋煙灶、徐亞湘、陳支平、陳哲三、陳進傳、鄭喜夫、鄧孔昭、戴文鋒

二編 ISBN：978-986-5633-70-7

9 789865 633707 30000

臺灣史名家研究論集二編 (精裝) NT$：30000

尹章義、李乾朗、吳學明、周翔鶴、林文龍、邱榮裕、徐曉望、康 豹、陳小沖、陳孔立、黃卓權、黃美英、楊彥杰、蔡相煇、王見川

三編 ISBN:978-986-0643-04-6

尹章義、林滿紅、林翠鳳、武之璋、孟祥瀚、洪健榮、張崑振、張勝彥、戚嘉林、許世融、連心豪、葉乃齊、趙祐志、賴志彰、闞正宗

9 789860 643046 28000

臺灣史研究名家論集三編（平裝）：28000元